DANIEL GEWAND

GOTT IST WIE HUSEMANN

DANIEL GEWAND

GOTT IST
wie Husemann

GESCHICHTEN ÜBER GOTT
IN 90 SEKUNDEN ERZÄHLT

Aschendorff
Verlag

Fotos: Jürgen Christ. Die Motive stammen von »Husemann's Büdchen« in Duisburg-Neumühl. Mit freundlicher Genehmigung von Sabrina und Marc Visser.

Printed in Germany 2021
Gedruckt auf säurefreiem, alterungsbeständigem Papier
ISBN: 978-3-402-13423-8

Was es hier gibt. Inhalt

Bitte klingeln. Vorwort 6

Wie Husemann. Geschichten über Gott 8

Kaffee. Geschichten, die inspirieren 26

Zeitungen. Geschichten, die informieren 38

Gemischte Tüte. Geschichten über die kleinen Dinge ... 56

Pakete. Geschichten, die etwas schwerer sind 72

Schokolade. Geschichten über Kirche, wie ich sie mag .. 82

Chips und Bier. Geschichten für den Abend 94

Inhaltsstoffe. Textübersicht 108

Bitte klingeln

Ich komme aus dem Ruhrgebiet. Trinkhallen, Kioske und Buden gehören dort zum Alltag. Erst klingeln, dann öffnet sich das Fenster der Bude und es gibt gemischte Tüten, Fußballbilder oder ein Feierabendbier. Immer genau das, was ich gerade brauche.

Und nun hoffe ich, dass du dieses Buch gut gebrauchen kannst. Abgedruckt sind hier 85 Geschichten von maximal 90 Sekunden, die ich zwischen 2009 und 2020 für das Verkündigungsformat Kirche in 1LIVE geschrieben habe und die bei 1LIVE, dem größten Jugendradiosender Europas, gesendet wurden. Zu ganz unterschiedlichen Zeiten und oft sehr überraschend kommen mit Kirche in 1LIVE Geschichten über Gott, Glaube und Kirche in den Alltag von jüngeren Radiohörer*innen.

85 Geschichten aus meinem Alltag kannst du in diesem Buch nachlesen: Geschichten über Gott, der wie Husemann ist, über den Satz meiner Mutter „Ohne Frühstück gehst du nicht aus dem Haus", über einen Mann, der mitten auf dem Marktplatz blankgezogen hat und heute den Papst inspiriert, über ein besonderes Geschenk, über Gaby, der ich im Himmel eine große Tasse Kaffee bringen werde, über meine Kirche, die wie mein Freibad ist und über Zahnseide. Geschichten aus meinem Alltag, wie die Bude um die Ecke.

An der Bude klingelst du, um das für dich Passende mal eben zu besorgen. Mit diesem Buch in der Hand kannst du entscheiden, was du gerade brauchst und welche Geschichte du mal eben lesen möchtest.

Viel Freude beim Lesen, passende Inspirationen und spürbaren Alltagssegen.

In diesem Sinne: Bitte klingeln!

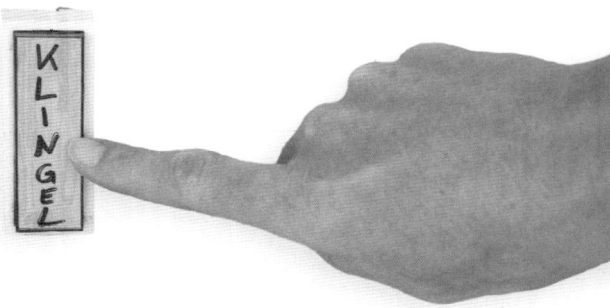

Wie Husemann

GESCHICHTEN ÜBER GOTT

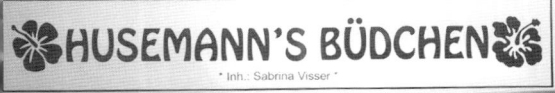

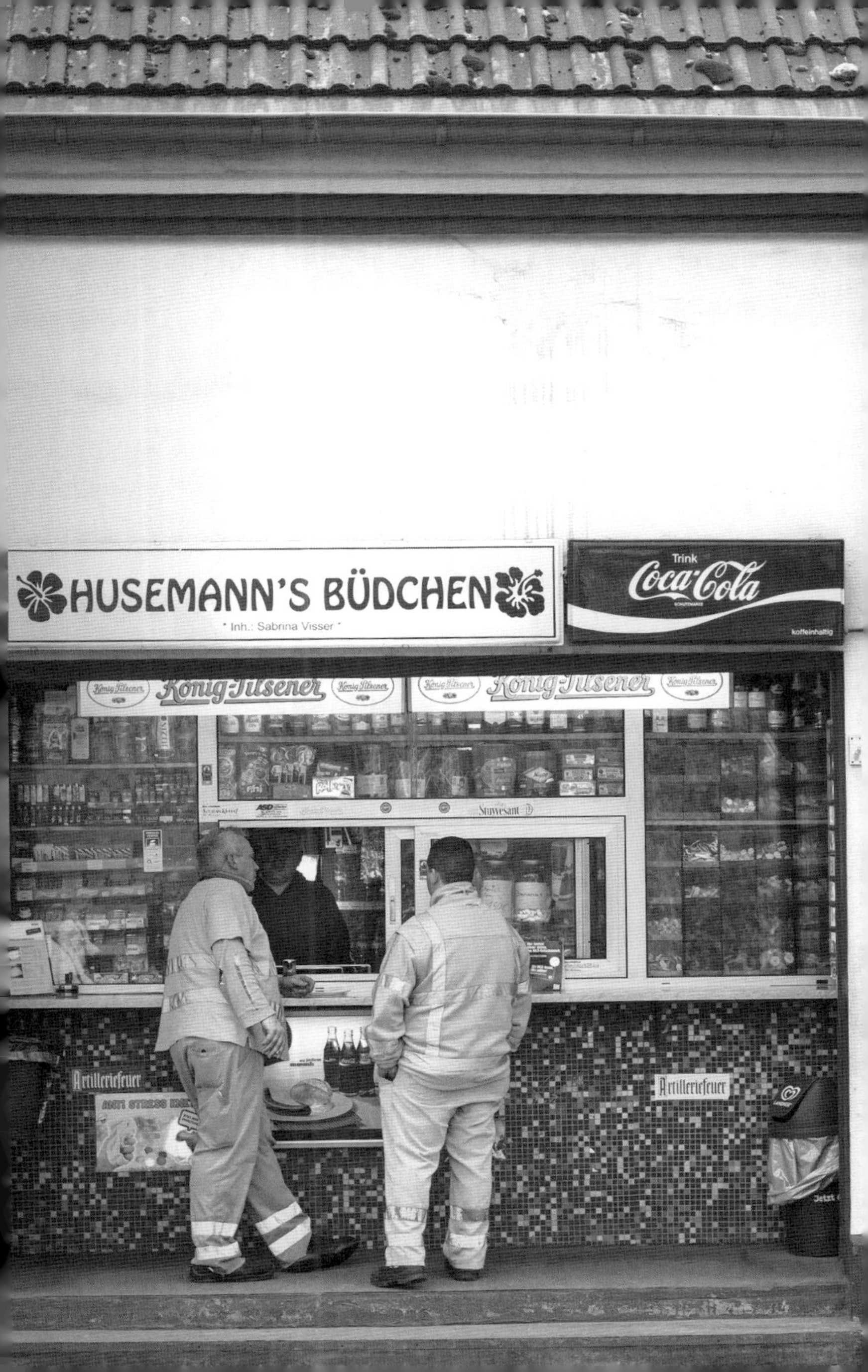
HUSEMANN'S BÜDCHEN
* Inh.: Sabrina Visser *
Trink
Coca-Cola
koffeinhaltig
König-Pilsener
König-Pilsener
Stuyvesant
Artilleriefeuer
ANTI STRESS
Artilleriefeuer

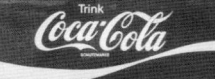

Gott ist wie Husemann

Gott ist wie Husemann. Husemann gehört der Kiosk gegenüber vom Fußballplatz des SC Hertha Hamborn in Duisburg-Neumühl. Den Kiosk gibt es schon seit ich denken kann und Husemann ist immer da: Montags bis sonntags, morgens, mittags, abends.

Und Husemann hat immer, was ich brauche: Als Kind Schokozigaretten für mich und meinen Bruder, für meinen Onkel dagegen die echten Zigaretten, Brötchen am Sonntag, Eis im Sommer, Chips auf dem Heimweg und die gemischte Tüte für den Urlaub. Und dann natürlich der Klassiker: Die Zeitung mit den vier Buchstaben und den Kaffee oder das Bier im Stehen.

Bei Husemann kannst du stehen, gucken und quatschen. Im Sommer im Schatten und im Herbst im Trockenen. Husemann hört zu, kommentiert und gibt auch mal einen Ratschlag – genau wie Gott.

Bei Gott kannst du einfach rumstehen, einen Kaffee oder ein Bier trinken. Bei Gott bist du geschützt vor Regen, Sonne oder sonst was. Gott hat für jeden genau das, was er braucht, egal ob Kind, Jugendlicher, Familienvater oder Rentner*in. Gott ist immer da. Er hört dir zu.

Und – ganz wichtig – Gott hat seinen Kiosk nicht nur am Fußballplatz in Duisburg-Neumühl. Gott hat seinen Kiosk überall.

Gott ist wie ein guter Wirt

Gott ist wie ein guter Wirt. Ein guter Wirt steht in der Kneipe hinter der Theke. Er ist immer da. Für ganz unterschiedliche Typen. Er zapft Pils, Kölsch und sogar Alt. Ein guter Wirt hört jedem zu. Während er Bier zapft oder Gläser spült, kannst du ihm erzählen, was du willst. Ein guter Wirt lässt dich aber auch in Ruhe. Du brauchst ihn nicht vollzuquatschen.

Ein guter Wirt kann schweigen. Allerdings sagt er dir auch, wenn es genug ist und du nach Hause gehen solltest. Ob du dann auf ihn hörst, ist deine Entscheidung.

So ist das auch mit meinem Gott. Mein Gott sagt mir, was gut für mich ist. Ich habe aber die Freiheit mich zu entscheiden, was ich mache. Mein Gott hört mir zu, wenn ich bete. Das glaube ich und das tut mir gut. Und mein Gott hört nicht nur mir zu. Mein Gott hört allen Menschen zu.

Mein Gott ist ein Gott für ganz unterschiedliche Typen und das geht weit über Pils, Kölsch oder Alt hinaus. Mein Gott ist immer da, auch an der Theke.

Gott ist wie der Typ in meinem Fahrradladen

Gott ist wie der Typ in meinem Fahrradladen. Der Typ in meinem Fahrradladen steht meistens hinter einem richtig schönen, alten Verkaufstresen aus den 50er Jahren. Er ist so ein Typ Kuschelbär: Bisschen pummelig, Bart und vor allem nie gestresst. Bei ihm steht die Zeit still.

Vor ein paar Wochen habe ich eine neue Klingel gebraucht. Ich hatte klare Vorstellungen und er nichts Passendes im Laden. Gemeinsam haben wir im Katalog geblättert und im Netz gesucht. Der Typ von meinem Fahrradladen hat sich so viel Zeit für mich genommen, als wäre meine Klingelsuche das wichtigste Verkaufsgespräch seines Lebens. Er hat sich durch nichts stören lassen, weder durch seinen Azubi, noch durchs Telefon oder andere Kunden. Alle hat er um Geduld gebeten, bis ich eine passende Klingel gefunden hatte. Dann erst waren die Anderen dran. Und für die hat er sich dann ebensoviel Zeit genommen.

Genau so stelle ich mir Gott vor: Mein Gott hat alle im Blick. Er kümmert sich um jeden, einen nach dem anderen. Mein Gott hat immer Zeit für mich. Bei ihm stehe ich im Mittelpunkt, egal was ist. Mein Gott ist nie gestresst. Bei ihm steht die Zeit still – wie bei dem Typen in meinem Fahrradladen an dem Verkaufstresen aus den 50er Jahren.

Gott ist wie ein Bahnhofssprecher

Gott ist wie ein Bahnhofssprecher. Bahnhofssprecher-
*innen sitzen in ihrer Sprecherkabine im Bahnhof und
haben den ganzen Bahnhof im Blick. Sie können die Rei-
senden an den Gleisen beobachten und sind über alle Vorgänge im Bahnhof informiert. Bahnhofssprecher*innen
kennen die Ankunfts- und Abfahrtszeiten aller Züge.
Sie informieren mich über Gleisänderungen, Verspätungen und Zugausfälle. Sie schlagen mir Anschlusszüge oder alternative Reiserouten vor. Eine*n richtige*n
Bahnhofssprecher*in habe ich noch nie gesehen. Ich
höre sie nur während ihrer Durchsagen und ganz ehrlich,
selbst die sind oft eher schlecht zu verstehen.

So ähnlich ist das auch mit Gott: Ich glaube, dass Gott
irgendwo sitzt und uns alle beobachten kann. Er hat alle
Vorgänge, Aktionen und Ereignisse auf der Erde im Blick.
Gott kennt meine ganz persönlichen Reisedaten: Meine
spontanen Gleisänderungen oder meine selbstverschul-
deten Verspätungen im Leben. Gott schlägt mir aber
auch neue Anschlusszüge oder alternative Lebensreise-
routen vor. Das geschieht dann nicht auf dem Bahnsteig
über Lautsprecher, sondern im Gebet.

Gesehen habe ich Gott noch nie und meistens sind seine
Ansagen auch echt schwer zu verstehen, aber bei Gott,
wie bei der*m Bahnhofssprecher*in gilt: Ich muss genau
hinhören. Und noch etwas haben Bahnhofssprecher und
Gott gemeinsam: Sie haben die Informationen und machen die Ansagen. Das Gleis wechseln und in den Zug
einsteigen muss ich selbst.

Gott ist wie gute Eltern

Gott ist wie gute Eltern. Ich denke dabei an meine Eltern. Sicherlich habe ich als Kind nicht immer gesehen, was so gut an denen sein soll. Vor allem, wenn es um Verbote für meinen Bruder und mich gegangen ist. Fernsehen durften wir zum Beispiel echt wenig gucken, schon gar nicht, wenn meine Eltern abends unterwegs waren.

Mein Bruder und ich haben uns eher selten an das Verbot gehalten und kaum waren unsere Eltern aus dem Haus, haben wir den Fernseher angemacht. Entspannte Fernsehabende waren das nicht. Sobald wir das Auto unserer Eltern im Garagenhof hörten, haben wir den Fernseher ausgemacht und sind nach oben in unsere Betten verschwunden.

Unsere Eltern haben es trotzdem bemerkt – an der Restwärme des alten Röhrenfernsehers. Natürlich waren sie enttäuscht und sauer. Woran ich mich aber auch noch erinnere, egal, was wir falsch gemacht haben oder welche Regeln wir gebrochen hatten, unsere Eltern haben uns trotzdem geliebt. Meinen Bruder und mich, bis heute, obwohl wir uns auch später noch an so manches Verbot nicht gehalten haben.

Und so stelle ich mir Gott vor: Wir kennen seine Regeln, seine Gebote und seine Verbote aus der Bibel. Und obwohl wir Menschen uns nicht immer an alle halten, liebt er uns. Eben genauso wie gute Eltern ihre Kinder, die sich nicht ans Fernsehverbot gehalten haben.

Gott ist wie ein guter Vater

Gott ist wie ein guter Vater. Ein echt schwieriges Bild für jemanden, dessen Vater Alkoholiker, Schläger oder komplett abwesend ist.

Bei mir war das so: Meinen ersten Marathon bin ich zusammen mit meinem Vater gelaufen. Wir haben eine Zeit unter vier Stunden angepeilt. Am Anfang ist es auch echt gut gelaufen. Wir liegen top in der Zeit, aber bei Kilometer 28 kommt der Hammer: Ich kann nicht mehr. Zu meinem Vater sage ich, er solle sein Tempo weiterlaufen, dann würde er es noch locker unter vier Stunden ins Ziel schaffen.

Doch mein Vater ist da ganz anderer Meinung: „Ich laufe mit dir. Wir kommen zusammen ins Ziel." Seinen Grundsatz kenne ich: „Zusammen starten, zusammen ankommen." Mein Vater bleibt bei mir und läuft neben mir. Er motiviert mich, organisiert mir Getränke und zieht mich Kilometer für Kilometer. Bei vier Stunden neun laufen wir über die Ziellinie: Gemeinsam, Hand in Hand.

Und genau so stelle ich mir Gott vor: Er ist wie ein guter Vater, der bei mir bleibt, auch dann, wenn es mal nicht so gut läuft.

Gott ist wie ein schlechter Türsteher

Gott ist wie ein schlechter Türsteher. Vor Türstehern habe ich früher großen Respekt gehabt. Auch heute noch habe ich ein mulmiges Gefühl, wenn ich am Türsteher vorbeigehe, selbst bei Clubs wo ich mir 100% sicher bin, dass die mich reinlassen.

Türsteher scannen mein Alter, meine Klamotten, mein Aggressionspotential, mein Aussehen und vor allem, ob ich zu dem Club passe. Das ist oft ganz schön diskriminierend und manchmal ziemlich willkürlich. Türsteher entscheiden über den guten Verlauf meiner Partynacht. Sie sind Ermöglicher oder Verhinderer.

Mein Gott ist ein Ermöglicher, aber bestimmt ein schlechter Türsteher. In den Himmel lässt er jede*n rein, der*die rein will. Unabhängig von Klamotten und Aussehen. Im Himmel bist du so willkommen, wie du bist.

Das ist vielleicht nicht immer fair, aber es ist auch nicht willkürlich. Das ist göttlich. Denn mein Gott ist alles, aber kein Verhinderer. Er sorgt dafür, dass wirklich jede*r reinkommt, der*die will – wie ein schlechter Türsteher.

Gott ist wie ein guter DJ

Gott ist wie ein guter DJ. Ein guter DJ steht den ganzen Abend am Mischpult und legt immer die richtige Musik auf. Ein guter DJ weiß genau, zu welchem Sound die Masse tanzen will. Ist der DJ schlecht, ist die Party schlecht. Ein guter DJ sorgt für den Rahmen einer gelungenen Party.

Aber er sorgt nur für den Rahmen. Tanzen und für gute Stimmung sorgen muss ich auf jeder Party selbst. Ein guter DJ erleichtert mir das durch seine Musik. Er zwingt mich nicht zum Tanzen oder befiehlt mir gute Partylaune.

Mein Gott ist wie ein guter DJ.

Mein Gott hat den Rahmen für die große Party geschaffen, die wir Schöpfung nennen. Er steht am Mischpult, hat die Musik aufgelegt und lässt uns die Freiheit. Tanzen müssen wir selbst.

Augustinus, ein wichtiger Kirchenlehrer, hat vor vielen Jahrhunderten gesagt: „Mensch lerne tanzen, sonst wissen die Engel im Himmel nichts mit dir anzufangen."

Also: Worauf wartest du noch? Bei der Musik, die Gott uns auflegt – tanze!

Gott ist wie ein Kumpel im Bergbau

Mein Gott ist wie ein Kumpel im Bergbau. Unter Tage ist dem Kumpel egal, wo du herkommst, an was du glaubst und mit wem du schläfst. Was zählt, ist der Mensch. Alles andere ist egal. Mit Kohle im Gesicht siehst du die Unterschiede nicht so genau. Und das gilt dann auch über Tage.

Ein Kumpel ist verlässlich. Er packt mit an, wenn es dran ist. Ein Kumpel weiß, was wann zu tun ist. Auch bei Gefahr kannst du auf ihn zählen – und er auf dich. Ein Kumpel ist für den anderen da.

Kumpel sind hoffnungsvoll. Sie wissen, wie gefährlich ihr Job unter Tage ist. Deswegen grüßen sie einander mit einem herzlichen „Glück auf".

Und das alles ist genau wie bei meinem Gott. Meinem Gott sind die Nationalität, die sexuelle Orientierung und sogar die Religion eines Menschen egal. Bei ihm zählt der Mensch, egal, wie er ist.

Mein Gott ist verlässlich. Er ist da. Immer. Auch bei Gefahr. Und mein Gott ist ein hoffnungsvoller Gott. Er will, dass jeder von uns lange, gesund und glücklich lebt. Er segnet uns.

Von einem Freund habe ich gelernt beides zu verbinden, also: Gottes Segen und Glück auf.

Gott ist wie Bielefeld

Gott ist wie Bielefeld. Bielefeld? Gibt es doch gar nicht. Das ist doch eine geheime Militärbasis, so die Theorie der Bielefeld-Verschwörer. Der Bahnhof, die Autobahnabfahrten, alle Uniabschlüsse und auch die bekannten Backmischungen seien gefälscht, damit die Militärbasis geheim bleibt.

Die Bielefeld-Verschwörung ist in den 1990er Jahren auf einer WG Party in Kiel entstanden. Die Erfinder der Theorie hatten zwar immer wieder von Bielefeld gehört, waren aber selber nie da. Auch deren Freunde und Bekannte nicht. Keiner konnte ihnen persönlich etwas von Bielefeld erzählen.

Und genau so ist das auch mit meinem Gott. Für viele gilt: Gott gibt es nicht. Und sie kennen niemanden, der an Gott glaubt und ihnen von Erfahrungen mit Gott erzählen kann.

Aber: Ich bin so einer. Ich glaube, dass es Gott gibt, dass er diese Welt geschaffen hat – sogar irgendwie auch Bielefeld. Und mein Gott begleitet mich in meinem Alltag. Ich kann ihn zwar nicht sehen, aber ich merke, dass er da ist – mal schwächer, mal stärker.

Übrigens: Ich war in Bielefeld. Ich habe da eine Kollegin besucht. Klingt komisch, aber ich weiß: Bielefeld gibt's. Genau wie meinen Gott.

Gott ist wie ein Taxifahrer

Gott ist wie ein Taxifahrer. Taxifahrer arbeiten rund um die Uhr. An zentralen Stellen in der Stadt treffe ich immer einen – zu jeder Tages- und Nachtzeit. Und über die Taxizentrale ist immer einer zu erreichen.

Taxifahrer fahren mich dahin, wohin ich will. Sie begleiten mich auf dem Weg zu ganz unterschiedlichen Terminen: Vormittags zum Bewerbungsgespräch für meine Traumstelle, mittags zum Essen mit neuen Projektpartnern, spät in der Nacht vom Club nach Hause oder am Wochenende nach dem Streit bei einer Familienfeier zurück zum Bahnhof.

Taxifahrer kennen die wichtigsten Orte in der Stadt: Zum Feiern, Entspannen, Essen, Geld besorgen und vieles andere. Taxifahrer treffe ich alleine: Sie hören zu, manchmal geben sie mir einen passenden Ratschlag oder erzählen von ihren spannenden Lebensläufen. Taxifahrer können schweigen. Was sie in ihrem Taxi hören oder sehen, erzählen sie nicht rum.

Genau so stelle ich mir Gott vor: Mein Gott bekommt alles mit und er behält es für sich. Mein Gott hört zu und manchmal bekomme ich durch ihn einen passenden Rat. Mein Gott kennt alle wichtigen Orte der Stadt und er ist da – rund um die Uhr.

Nur: Für Gott bezahle ich keinen Nachttarif und bei wichtigen Terminen lässt er mich nicht aussteigen und fährt weiter. Mein Gott steigt mit aus, er geht mit rein und ist bei mir. Immer.

Gott ist wie ein persönlicher Pacer

Gott ist wie ein persönlicher Pacer. Ein guter Pacer sorgt dafür, dass ich beim Marathon das richtige Tempo laufe. Ein guter Pacer bremst mich, wenn ich zu schnell bin oder zieht das Tempo an, wenn ich zu langsam laufe. Pacer sind erfahrene Läufer mit guter Ausdauer und exaktem Tempogefühl. Pacer helfen mir meine Ziel-Zeit zu erreichen. Es gibt Pacer für die Ambitionierten mit zwei Stunden 29, für die Hobbyläufer mit drei Stunden 59 oder für die „dabei sein ist alles"-Fraktion mit fünf Stunden 59. Auf einen guten Pacer kann ich mich verlassen, er läuft das versprochene Tempo und bringt mich passend ins Ziel.

Genau so stelle ich mir Gott vor: Mein Gott ist wie ein persönlicher Pacer. Er läuft mit mir die ganze Strecke. Er ist erfahren, kann das Tempo halten. Er treibt mich an, motiviert mich schneller zu werden. Er erinnert mich an mein gewähltes Ziel und bremst mich, falls ich zu schnell laufe.

Und Gott bleibt mein persönlicher Pacer, weil ich mich für ihn entschieden habe. Er bleibt bei mir, auch wenn ich schlappmache. Er steigt mit mir aus, macht eine Pause, wenn ich sie brauche und er läuft mit mir auch deutlich später ins Ziel als geplant. Bis jetzt sind wir gut im Rennen, mein Gott und ich.

Gott ist wie eine gute Pflegekraft

Gott ist wie eine gute Pflegekraft. Eine gute Pflegekraft macht mehr, als du meinst. Natürlich legt sie Infusionen an, nimmt Blut ab und zieht Thrombosestrümpfe an, sie kann Notfälle erkennen und erste Hilfe leisten, bettet Patienten um, wäscht sie und zieht sie an.

Einer guten Pflegekraft geht es aber auch um Beziehung. Sie ist da, wenn Patienten schlechte Befunde bekommen, Angst vor ihrer OP haben oder wenn sie niemand besucht. Eine gute Pflegekraft kann mit ganz unterschiedlichen Typen umgehen: Verängstigten Kindern, senilen Senioren und arroganten Angehörigen. Spontan und im Minutenwechsel. Eine gute Pflegekraft arbeitet nicht nur wegen des Geldes, sondern weil es ihre Leidenschaft ist. Sie ist da in Früh-, Spät- und Nachtdiensten, an Wochenenden und an Feiertagen.

Genau wie mein Gott. Mein Gott ist ein leidenschaftlicher Gott. Er ist da. Auch an Wochenenden und an Feiertagen. Mein Gott kann mit ganz unterschiedlichen Typen in ganz unterschiedlichen Situationen umgehen. Spontan und im Minutenwechsel. Meinem Gott geht es um Beziehung. Er möchte mit uns Menschen in Kontakt sein und er möchte, dass es uns gut geht.

Ach ja: Mein Gott braucht keinen 21 Uhr Applaus und keine einmalige Bonuszahlung während Corona. Darüber freuen sich Pflegerinnen und Pfleger. Vor allem aber würden die sich über ein anständiges passendes Gehalt freuen. Und das wäre sicher auch in seinem Sinn.

Gott ist wie eine gute Hausärztin

Gott ist wie eine gute Hausärztin. Eine gute Hausärztin ist erreichbar. Ich kenne ihre Sprechzeiten und die Adresse ihrer Praxis. Eine gute Hausärztin kennt mich. Sie kennt meine Wehwehchen und meine Vorgeschichten und sie ist da, wenn ich sie brauche. Nicht nur im Notfall. Sie nimmt sich Zeit für mich. Sie hört mir so lange zu und untersucht mich, bis sie verstanden hat, was mir fehlt. Und im Idealfall kann sie mir dann auch schon helfen. Eine gute Hausärztin kennt sich aus mit ganz unterschiedlichen Krankheiten und ganz unterschiedlichen Symptomen. Und sie kennt verschiedene Therapieformen. Einer guten Hausärztin vertraue ich und ich erzähle ihr manchmal sogar mehr als meinen Freunden.

Und genau so ist das auch mit meinem Gott. Meinem Gott kann ich alles erzählen. Ihm kann ich vertrauen. Er kennt mich. Er ist verschwiegen. Er hat Zeit für mich und anders als meine Hausärztin hat er auch am Wochenende, nachts und mittwochsnachmittags Sprechstunde.

Ach ja, und wenn es mir gut geht, gehe ich natürlich nicht zu meiner Hausärztin und das ist auch ok für sie. Mein Gott dagegen freut sich, wenn ich mich einfach so bei ihm melde.

Gott ist wie eine gute App

Gott ist wie eine gute App. Eine gute App bringt mir was: Ein Spiel für zwischendurch, einen Messenger, um mit meinen Freunden in Kontakt zu bleiben oder eine Push-Nachricht, die mich an meine nächste Trainingseinheit erinnert.

Eine gute App lade ich mir runter. Es ist keine dieser vorinstallierten Standard-Apps, sondern eine, die genau das kann, was ich brauche.

Eine gute App sammelt nicht irgendwelche Daten von mir und gibt sie weiter, ohne dass ich etwas davon mitbekomme.

Eine gute App läuft auf Android, Apple und Windows. Eine gute App gibt es passend für genau mein Smartphone.

Und genau so stelle ich mir Gott vor: Mein Gott bringt mir was. Er ist für mich da – auch zwischendurch. Mit ihm kann ich kommunizieren und manchmal sendet er mir auch eine Botschaft.

Für meinen Gott habe ich mich entschieden: Ich glaube an ihn.

Mein Gott passt zu mir. Mein Gott kann auch zu dir passen, denn er passt zu Sportlern und Couchpotatoes, zu Tänzern und Thekentypen, zu Singles und Pärchen...

Und zum Thema Datensicherheit: Mein Gott will meine Daten nicht sammeln und weiterverkaufen. Er hat sie schon, aber bei ihm sind sie wirklich sicher – in Ewigkeit.

Gott ist wie eine gemischte Tüte

Gott ist wie eine gemischte Tüte. Eine gemischte Tüte für 2 Mark war ein Highlight meiner Kindheit: Salmiakkugeln, Brause, Ufos, Pfirsiche, salzige Heringe und natürlich bunte Schnüre. Wenn Urlaub anstand, eine lange Autofahrt oder das Wochenende, bin ich damals zum Büdchen und habe mir eine gemischte Tüte gekauft.

Woran ich mich erinnere: Für meine gemischte Tüte habe ich mir immer etwas Anderes ausgesucht, je nachdem was gerade dran war. Ich hatte da nicht so eine Standardauswahl wie mein Bruder. Der hat sich vor allem Colakracher ausgesucht, denn die mochte er am liebsten. Auch heute kaufe ich mir an der Bude ab und zu eine gemischte Tüte und erinnere mich an früher. Heute suche ich mir vor allem Lakritze, Himbeeren und Pfirsiche aus.

Mein Gott ist ein bisschen wie eine gemischte Tüte. Mein Gott ist nicht beliebig, aber jeder erfährt ihn anders – je nach Typ, Alter und Lebenssituation. Mein Gott lässt sich nicht auf einen bestimmten Typ festlegen: Er ist nicht entweder Colakracher oder Mäusespeck. An meinem Gott entdecken die einen immer wieder etwas Neues, die anderen finden, er gibt ihnen nur Saures. Wieder andere kauen ganz schön lang daran rum, was Gott eigentlich für sie ist.

Mein Gott ist für jeden ein bisschen anders und für mich mehr als nur eine schöne Kindheitserinnerung. Mit ihm bin ich heute noch in Kontakt, denn an ihm habe ich Geschmack gefunden.

Kaffee

GESCHICHTEN, DIE INSPIRIEREN

Wochenstartfrühstück

„Ohne Frühstück gehst du nicht aus dem Haus." Das ist so ein typischer Satz meiner Mutter. An den erinnere ich mich heute noch, wenn ich es einmal wieder nicht geschafft habe zu frühstücken, weil ich einen frühen Termin habe oder einen Zug bekommen muss. Und sie hat recht: Ohne Frühstück fehlt mir was. Irgendwann im Laufe des Vormittags merke ich das – und dann hilft auch kein Schokoriegel oder irgendein anderer Snack.

Normalerweise frühstücke ich am Stehtisch in meiner Küche. Es gibt einen großen Pott Kaffee und dazu mehrere Scheiben Brot mit Marmelade, Honig oder Schokostreuseln. Den Kaffee genieße ich zum Wachwerden und das Brot sättigt. Es ist nahrhaft und gibt mir Kraft und Energie für meinen Tag.

Meine Kirche lädt zum Wochenstart quasi auch zum Frühstück ein. Am Sonntag feiert meine Kirche das Frühstück für die Woche. Dabei geht's nicht ums Satt- und Wachwerden, denn es gibt weder Kaffee noch dicke Brotscheiben. Das Wochenfrühstück meiner Kirche besteht aus einer dünnen Oblate, die ich während des Gottesdienstes am Sonntag bekomme. Diese kleine Oblate ist für mich ein ganz besonderes Stück Brot: Leib Christi – Brot des Lebens. Es gibt mir Kraft und Energie eine Woche lang meinen Glauben zu leben.

Der Sonntagsgottesdienst und das kleine Stück Brot gehören für mich zum Wochenstart dazu. Ohne dieses Frühstück gehe ich nicht in die Woche. Und Mama: Das ist mein Ernährungstipp.

Have a nice day

Ich habe schlecht geschlafen. Muss früh raus. Bin noch müde. In der Küche koche ich mir erstmal einen ordentlichen Filterkaffee, um wach zu werden.

Von meinem Küchenfenster aus gucke ich auf eine kleine Gartenmauer. Die wird regelmäßig beschmiert. Und genauso regelmäßig versucht mein Nachbar die Schmierereien auf der Mauer zu entfernen. Die aktuelle Schmiererei hat er nicht entfernt. Ich weiß nicht, ob er aufgegeben hat oder ob ihm der Spruch gefällt, den jemand da hingeschmiert hat. Denn da steht: „Have a nice day".

Mir gefällt der Spruch. Bei anderen hängt er als Karte am Badezimmerspiegel oder wird als Meme bei Instagram gepostet. Bei mir steht er auf der Gartenmauer vor meinem Küchenfenster.

„Have a nice day" ist für mich als Christ nicht nur eine Schmiererei auf der kleinen Gartenmauer, sondern ein Morgensegen. Segen heißt Gutes zusprechen und genau das passiert, wenn ich morgens beim Kaffeekochen müde aus meinem Küchenfenster gucke. In diesem Sinne „Have a nice day".

Vorbild

Heilige sind Vorbilder für Christen. An Heiligen kann ich mich orientieren, denn sie haben das Christ-sein erfolgreich vorgelebt.

Lukas Podolski ist kein Heiliger, aber er ist ein Vorbild für viele Fußballer*innen und für viele Fußballfans. Für mich ist Lukas Podolski jedoch auch ein Vorbild, wie ich mein Christ-sein leben kann.

Podolski ist ein grandioser Fußballer und begeistert viele Fußballfans. Er ist erfolgreich und wird immer wieder von verschiedenen Vereinen umworben.

Podolski ist ein Sympathieträger. Die Leute mögen ihn, und zwar nicht nur Köln-Fans, weil er einfach er selbst geblieben ist. Poldi will nur Fußball spielen. Und dafür gibt er alles.

Podolski ist Kölner durch und durch. Er liebt seine Stadt. Auch seine Auszeit beim FC Bayern und sein Wechsel ins Ausland haben daran nichts geändert. Und Poldi weiß, was er kann. Das macht er, mehr nicht.

Du musst kein Köln-Fan sein, du musst noch nicht mal Fußball mögen, um dich an Lukas Podolski orientieren zu können. Für dein Leben als Christ heißt das: Kenne deine Aufgabe. Liebe deine Stadt. Begeistere deine Leute für Gott. Ach ja: Und fasel nicht rum, sondern sprich so, dass man dich versteht!

Einmal Christ, immer Christ

Ich bin Fußballfan. Das verstehen viele. Vom 1. FC Köln. Das verstehen nur Gleichgesinnte. Warum, das ist eine lange Geschichte. Aber Anfang der Neunziger habe ich mich entschieden und ab da hieß es: „Einmal Kölner, immer Kölner!"

Ich steh zum FC. Trotz einiger Abstiege, keinem einzigen Titelgewinn in den letzten Jahren, vielen Niederlagen und so manchem Zweifel am Erfolg der Kölner, steh ich zum FC und glaube an große Erfolge in der nächsten Saison.

Ähnlich ist es bei meinem Glauben. Als ich getauft wurde, war ich zwar noch ein Baby und konnte mich nicht selbst entscheiden Christ zu werden, aber irgendwann habe ich mich entschieden: Ich möchte als Christ leben. Auch wenn das schwierig ist, auch wenn ich Zweifel bekomme. Ich will es versuchen.

Christ-sein ist für mich jeden Tag eine neue Herausforderung: An Gott zu glauben und nach der Botschaft Jesu zu leben. Klar, ich weiß Christ sein ist etwas anderes als FC-Fan sein, aber an manchen Tagen verzweifele ich als Christ, wie als FC-Fan im Stadion. Aber gerade dann gilt für mich: „Einmal Christ, immer Christ!"

Keine Angst

Ich kann absolut nicht skaten. Das konnte ich noch nie und wenn ich auf einem Skateboard stehe, bin ich völlig überfordert. „Halfpipe" und „grinden" sind für mich Fremdwörter. Aber in einer Münsteraner Skaterhalle habe ich es trotzdem mal ausprobiert.

Zum Glück ist in der Halle nicht viel los und ich blamiere mich nur vor drei Jungs. Die haben aber Mitleid mit mir als sichtlich überfordertem Anfänger und geben mir ein paar gute Tipps. Dank der Tipps und nach einer Stunde üben kann ich geradeaus rollen und im Schritttempo sogar eine Kurve fahren. Ich bin echt stolz. Ich will mehr, probiere es auf der Halfpipe und scheitere...

Die drei Jungs haben das beobachtet und geben mir einen letzten Tipp: „In der Halfpipe darfst du keine Angst haben." Und ganz ehrlich, der Tipp gilt nicht nur für Skater*innen in der Halfpipe, der gilt für vieles im Leben, auch in Sachen Glauben: Hab keine Angst!

Glauben ist wie Marathon laufen

Glauben ist wie Marathon laufen. Und mein letzter Marathon war ein Desaster. Naja, sagen wir: Er wäre beinahe ein Desaster geworden. Beim Köln-Marathon im Oktober wollte ich eigentlich unter drei Stunden 30 ins Ziel kommen. Dafür hatte ich trainiert.

Am Anfang ist es super gelaufen: 29 Kilometer bin ich im Tempo. Dann: Krämpfe, aus dem Nichts, überall in den Beinen. Wie übel ist das denn? Eigentlich bin ich fit, habe genug Energie, aber die Krämpfe wollen gar nicht mehr weg. Ich bin kurz vorm Aufgeben, entscheide mich dann aber fürs Kämpfen und schaffe es, trotz der Krämpfe, in vier Stunden und 17 Minuten ins Ziel. Durchgehalten: 42,195 Kilometer. Ein absolut geiles Gefühl.

Warum mein Marathon kein Desaster wurde? Als es richtig übel war, haben mich die Helfer*innen an den Verpflegungsstationen mit Sprüchen motiviert. Ihre Energie-Drinks haben mir die nötige Power gegeben.

Und als ich da so lief, dachte ich: Genau so ist das mit meinem Glauben. Das Leben mit meinem Glauben durchzuhalten ist wie eine Marathonstrecke. Ich habe mich entschieden, so zu leben, als gäbe es Gott und das geile Gefühl am Ende: Das ewige Leben. Gerade läuft das super, aber es kann auch ganz anders kommen. Und damit das dann kein Desaster wird, brauche ich auch in Glaubenssachen Menschen, die mich motivieren und mir Power geben zum Weitermachen.

Produktdoppelplatzierung

In meiner Wohnung zieht es. Das liegt an einem Schlitz unter der Wohnungstür. Also: Auf zum Baumarkt und eine passende Lösung kaufen. Erstaunlich schnell finde ich, was ich suche – in Gang elf: Einen grauen Zugluftstopper aus Schaumstoff. Kostengünstig und einfach zu installieren. Kurz vor der Kasse in Gang vier finde ich noch mehr Zugluftstopper: Den grauen und andere, teurere Alternativen. Die sind zwar ebenfalls aus Schaumstoff, dafür aber in unterschiedlichen Farben.

Beim Baumarktmitarbeiter frage ich nach den Unterschieden und warum die gleichen Produkte in zwei verschiedenen Abteilungen hängen. Der Baumarktmitarbeiter klärt mich auf: Das ist eine „Produktdoppelplatzierung". Scheinbar bietet der Baumarkt identische Produkte für dasselbe Problem in verschiedenen Abteilungen an. Die Produktdoppelplatzierung hat der Baumarktchef bewusst eingesetzt. Dieses Produkt soll gesehen werden. Und ich soll es kaufen.

Während ich noch im Baumarkt stehe, denke ich: Produktdoppelplatzierungen – was ein Glück, dass mein Gott kein Baumarktchef ist und uns Menschen anders geschaffen hat. Wir sind keine Kopien von irgendwas. Und auch nicht die billigere Alternative. Du nicht – und ich nicht. Jeder Mensch ist einzigartig, einmalig, keiner doppelt.

Vom Pizzabäcker gelernt

Ich liebe Pizza Hawaii. Ab und zu bestelle ich sie bei meinem Pizzabäcker in der Nähe von meinem Büro. Der versorgt mich jedoch nicht nur mit Pizza. Von meinem Pizzabäcker habe ich auch etwas gelernt. Vor der Pizzeria steht oft ein roter Corsa. Die Heckklappe ist immer offen. Manchmal läuft sogar der Motor. Ökologisch nicht unbedingt top, aber eine super Werbung für den Laden. Die Botschaft: Wir sind bereit. Wir sind schnell. Wir sind da.

Mein Pizzabäcker ist immer bereit, wenn ich Hunger habe. Mittags und abends kann ich ihn anrufen und er liefert frei Haus. Mein Pizzabäcker ist schnell. Eine halbe Stunde nach meiner Bestellung steht der Karton mit meiner Pizza Hawaii vor mir – warm und geschnitten – und ich kann sie sofort genießen. Mein Pizzabäcker ist da – um die Ecke von meinem Büro. Und irgendwie sind Pizzabäcker auch sonst immer da. Selbst im kleinsten Dorf oder in einer Blockhütte im Nirgendwo liegt ein Flyer vom Pizzabäcker vor Ort.

Und genau das habe ich als Christ vom Pizzabäcker gelernt: Da sein, schnell sein und immer bereit sein. Und das heißt, auch mal alles stehen und liegen zu lassen, wenn mich jemand braucht und anzupacken, selbst wenn die Pizza Hawaii dabei kalt wird.

Yolo

Yolo. „You only live once." – „Du lebst nur einmal." Yolo ist vor ein paar Jahren das Jugendwort des Jahres gewesen. Yolo heißt für mich Action, Mut und Leben. Lebe, weil es endlich ist, weil es grandios ist und weil es einmalig ist. Yolo ist für mich eine Aufforderung, das Leben zu genießen und es zu nutzen.

Ich glaube, dass ich lebe, weil Gott es so wollte. Mein Leben ist quasi ein Geschenk. Und dieses Geschenk soll ich nutzen. Ich soll das Beste aus meinem Leben machen. Ich soll in dem Wissen leben, dass es schnell enden kann und ich nur einmal lebe.

Ein Bibelzitat drückt das so aus: „Seid also wachsam! Denn ihr wisst weder den Tag noch die Stunde." (Mt 25,13) Die kurze und moderne Übersetzung gefällt mir besser: Yolo.

Und für alle Feinde von Anglizismen: Auf Platz drei der Jugendwörter stand damals „yalla". Das kommt aus dem Arabischen und bedeutet „Beeil dich!". Also: Yolo, aber yalla!

Machen, was geht

Ich bin eigentlich nicht so der langfristige Planer. Aber 2020 wollte ich das mal anders angehen und ein paar Dinge habe ich auch schon echt lange geplant und mich mega darauf gefreut: Eine längere Bullitour im April – war nicht möglich wegen des Lockdowns, Konzerte im Mai und Oktober – abgesagt, Hochzeiten – verschoben, ein Filmfestival – findet nur online statt. Und viele Partys und andere Veranstaltungen – verschoben, ausgefallen und abgesagt. Echt blöd.

Mich regt das auf. Alles, was länger als zwei Wochen in der Zukunft liegt, ist irgendwie unsicher. Denn obwohl wieder vieles geht, wer weiß, was noch kommt. Es nervt. Es wäre so schön, wenn ich wenigstens wüsste, wann das endlich endet.

Aber mal ehrlich. Unsicherheiten gab es schon vor Corona: Wetter, Krankheit, Paralleltermine, Berufliches... Irgendwas war auch vor Corona immer und hat meine langfristigen Planungen umgeschmissen. Nur der scheiß Virus macht es nun sehr deutlich.

Ich versuche das jetzt positiv zu sehen. Dadurch, dass ich gerade weniger plane, ist mein Kalender leerer und ich habe mehr Zeit für spontanes. Und vielleicht ist das der Trick, der bleibt: Das machen, was dran ist und jetzt gut tut und es dann doppelt genießen.

Zeitungen

GESCHICHTEN, DIE INFORMIEREN

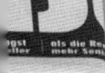

Bild

NRZ
Ein Titel der FUNKE MEDIENGRUPPE

NEUE RUHR ZE
WOCHENENDE
Meinungsfreudig | Unabhängig | Bürgernah

Weites Feld
Ferdinand von Schirach erzählt in „Kaffee und Zigaretten" vom Leben und vom Schreiben. *Kultur*

Kurz gespr
Bei starken
DSV-Skispr
Eisenbahle

Walsum | Hamborn | Meiderich

WAZ
www.DerWesten.de/waz

Die zweite Lkw-Wage
Auf der A 40 wer
lang Venlo alle
Damit soll auch
In dieser Woche

Nachts werd
Votsotsas pu

1. FUSSBALL-R

Augsburg
Dortmund

2:1

Die zweite Lkw-Waage kommt
Auf der A 40 werden ab Juni sich
tung zwei Lkw-Waagen fest inst
... soll beim Verkehr in west-
... Die Wochenzeitung zugenom-
... ab diesen Woche

Nachts werden Votsotsas putzmunter
Am 3. März ist der Internationale Tag des Artenschutzes. Der Zoo Duisburg engagiert sich auf seinem Gebiet auch für die bedrohten Nager aus Madagaskar.

 1. FUSSBALL-BUNDESLIGA
Augsburg   2:1
Dortmund

Von Stephan Hermsen

In der Bütt
Unterwegs mit Bernd Stelter
Bericht **Seite 3**

Tesla macht Händler ü
Neuwagenkäufe aller Marken via Internet krempeln un

Von Stephan Hermsen

An Rhein und Ruhr. Tesla verkauft

An Rhein und Ruhr. Tesla
wie „Mein Auto", wo auch der Pro-

bereits jetzt gibt es Int
wie „Mein Auto", wo
Branche ist an

Blankziehen für den Glauben

Wer mitten in der Stadt blank zieht, muss mit einer Verurteilung wegen Erregung öffentlichen Ärgernisses rechnen. Vor über 800 Jahren war das nicht anders. Da zog jemand blank, aber heute ist er ein Heiliger: Franz von Assisi. Der Sohn eines reichen Händlers aus der italienischen Stadt Assisi zog sich mitten auf dem Marktplatz komplett aus und stand völlig nackt vor der versammelten Stadtprominenz. Franz von Assisi machte damit klar: Meine Kleidung ist zwar stylisch, mein Vater hat sie teuer bezahlt und ich habe sie gerne getragen, aber jetzt brauche ich sie nicht mehr. Ich will ab jetzt arm und einfach leben, mich um Kranke kümmern und beten. Ab jetzt ist nur noch Gott mein Vater.

Klingt radikal? Ist es auch. Und hat auch damals für großes Aufsehen gesorgt. Aber Franz von Assisi hat das durchgezogen und er fand Männer, die genauso radikal, arm und fromm leben wollten wie er. Die Jungs gibt es heute noch: Ordensmänner der Minoriten, Franziskaner und Kapuziner. Die laufen übrigens nicht nackt rum, sondern tragen eine einfache Kutte.

Franz von Assisi ist ein Heiliger und gilt als Vorbild für Christen – auch für Papst Franziskus, der sich nach ihm benannt hat. Ok, weder der Papst noch irgendjemand sonst sollte das Blankziehen als Vorbild nehmen. Aber: Etwas radikaler, entschlossener und glaubhafter auftreten könnten Christ*innen auch heute auf den Marktplätzen der Welt.

Heilige sind Spitzensportler des Glaubens

42,195 km – Marathon ist nicht für jeden was. Das weiß ich, aber es war schon lange mein Traum. Meinen ersten Marathon laufe ich von Oberhausen nach Essen. Nach knapp über vier Stunden bin ich im Ziel: total kaputt, überglücklich und ein bisschen stolz.

Haile Gebrselassie braucht beim Berlin Marathon 2008 gerade mal halb so lang: zwei Stunden drei Minuten und 59 Sekunden – damals der Weltrekord! Seine Zeiten sind für mich unerreichbar und trotzdem ist er mein Vorbild. Das heißt ja nicht, dass ich genauso schnell sein muss wie er. Ich brauche ihn nicht zu kopieren, ihm nicht alles nachzumachen. Als Vorbild motiviert mich Haile Gebrselassie zu trainieren und beim Wettkampf das Beste aus mir rauszuholen.

Bei meinem Glauben ist das ähnlich. Ich kann das Leben eines Franz von Assisi oder einer Mutter Teresa nicht kopieren. Muss es aber auch nicht. Heilige sind nicht dazu da, kopiert zu werden. Genauso wenig wie Haile Gebrselassie.

Ich muss meinen eigenen Glaubensweg finden, so wie ich beim Marathon in mein eigenes Tempo reinkomme. Heilige motivieren mich dabei, meinen Glauben zu trainieren und das Beste aus mir rauszuholen. Heilige sind Vorbilder auf meinem Glaubensweg, so eine Art Spitzensportler des Glaubens.

Glauben wollen

Ich bin total stolz auf einen orangenen Aufnäher, den meine Oma mir Anfang der 90er Jahre auf meine Badehose genäht hat: Das Seepferdchen-Abzeichen. Zusammen mit einer kleinen Urkunde zeigt dieses Abzeichen: Ich kann schwimmen.

Die größte Herausforderung beim Schwimmenlernen lautet, irgendwann ins Wasser zu springen und mit dem Schwimmen anzufangen. Ich muss mich das trauen, was ich lernen möchte. Ich habe wie ein Hund geplantscht, bin vom Bademeister oder meinen Eltern gehalten worden, dann bin ich sicherer geworden und es hat alleine geklappt. Schwimmen habe ich durchs Schwimmen gelernt.

Beim Glauben ist es ähnlich. Glauben kann ich nur, weil ich es irgendwann versucht habe. Als Kind haben meine Eltern mich, wie beim Schwimmen auch, im Glauben gehalten. Sie haben mit mir gebetet und mir ihren Glauben vorgelebt, sind mit mir zur Kirche gegangen und haben meine Fragen beantwortet. Irgendwann habe ich mich selbst entschieden: Ich möchte glauben. Und seitdem glaube ich.

Klaus Hemmerle, ein bekannter Bischof, verstand das so: „Wer nur darüber nachdenkt und sich beeindrucken lässt, kann's ja auch nicht kapieren. Wie Gott geht, wie Glaube geht, wie Kirche geht – all das versteht nur der, der geht."

Ich sage: Schwimmen lernst du durchs Schwimmen und wer glauben will, muss glauben wollen.

Mutter Teresa

„Ich habe keinen Glauben. Man erzählt mir, dass Gott mich liebt, aber ich spüre nichts davon." Was ein krasser Satz, vor allem, wenn man weiß, wer ihn gesagt hat: Mutter Teresa. Sie ist weltweit bekannt – eigentlich als Vorzeigechristin. Sie hat einen Orden gegründet und sich intensiv um Arme, Kranke und Sterbende gekümmert – vor allem in Indien, in Kalkutta. Vielen ist sie dabei wie ein Engel vorgekommen. Deswegen nennt man sie auch den „Engel von Kalkutta".

Vom Papst ist sie heiliggesprochen worden. Das heißt: Mutter Teresa ist ein ganz besonderes Vorbild für Christ*innen auf der ganzen Welt. Und dann dieser Satz. Wussten die in Rom etwa nichts von ihren Glaubenszweifeln? Doch – Rom wusste davon. In ihren Tagebüchern kann man nachlesen: Mutter Teresa hat oft an ihrem Glauben gezweifelt. Und trotzdem ist Mutter Teresa heiliggesprochen worden. Das heißt also, Glaubenszweifel gehören zum christlichen Glauben dazu. Auch darin ist Mutter Teresa ein Vorbild. Trotz ihrer Glaubenszweifel hat sie weitergemacht, hat sich um Arme, Kranke und Sterbende gekümmert und ihnen von Gott erzählt, obwohl sie selbst gezweifelt hat.

Ich finde das stark und nehme mir deswegen Mutter Teresa zum Vorbild für meinen Glauben: Dranbleiben, auch wenn ich zweifle, denn Gott ist da, auch wenn ich das gerade nicht spüre.

Glaube auf zwei Beinen

„Ist das jetzt Kurzstrecke oder nicht?" – „Gilt ein Tagesticket wirklich den ganzen Tag?"

Die beiden Jungs neben mir am Ticketautomaten wirken ein bisschen überfordert. Ich versuche zu helfen und empfehle das Tagesticket. Die beiden sind zwar dankbar, aber skeptisch. Wollen auf keinen Fall schwarzfahren. Verständlich. Überrascht bin ich, als sie nach meinem Namen fragen: „Dann wissen wir, wer uns das gesagt hat." Klar, der Werbeslogan wirkt: „Dafür stehe ich mit meinem Namen."

Bei mir ist das übrigens genauso: Ich spreche von meinem Glauben an Gott, von meinen Überzeugungen und von meinem Glaubensleben. Ich gebe das weiter, wovon ich überzeugt bin. Anders funktioniert Glauben auch gar nicht, denn „der Glaube kommt immer auf zwei Beinen."

Meine Tante war Nonne

Kein Sex, kein Geld, kein Ego. Das gilt für Ordensleute. Keuschheit, Armut und Gehorsam versprechen Frauen und Männer, die sich für ein Leben in einem Orden entscheiden.

Meine Tante war so eine. Über 60 Jahren lebte sie in einem Kloster in Kevelaer. Mit Ende zwanzig hat sie sich entschieden in einen Orden einzutreten. Seitdem hatte sie kein eigenes Geld, hatte keinen Mann und war Gott und der Oberin des Klosters gehorsam.

Meine Tante war Klarissin, eine Betschwester, das heißt: Sie hat den ganzen Tag gebetet, regelmäßig mit den anderen Schwestern des Klosters, aber auch alleine. Sie hat für unsere Familie gebetet, für Freunde und Bekannte, aber auch für Fremde. Als es einer Freundin von mir schlecht ging, hat meine Tante für sie gebetet, obwohl sie die gar nicht kannte. Ich hatte sie darum gebeten. Stark!

Wobei, ich könnte so nicht leben: Keusch, arm, gehorsam und den ganzen Tag beten. Meine Tante schon, sie ist mit 92 Jahren gestorben und hat ihre Entscheidung keinen Tag ihres Lebens bereut.

Für mich ist das ein starkes Glaubenszeugnis und ich finde es toll, dass es Menschen wie meine Tante gibt, die für andere Menschen beten.

Die Schlümpfe und der Römerbrief

Schlumpfeis: Hellblau, total künstlich und ekelhaft süß. Meine Kindheitserinnerung beim Eismann. Heute bestelle ich kein Schlumpfeis mehr – es ist mir zu süß. Aber ich freue mich, wenn sich zwei Kinder mit Schlumpfeis in der Hand die blaue Zunge rausstrecken und sich dabei anlachen. Schlumpfeis ist was für Kinder.

Die Schlümpfe dagegen sind nicht nur etwas für Kinder. Die Schlümpfe sind für mich eine konkrete Übersetzung von einem echt weisen Lebensratschlag des Apostels Paulus: „Wir haben unterschiedliche Gaben, je nach der uns verliehenen Gnade. Hat einer die Gabe prophetischer Rede, dann rede er (…); hat einer die Gabe des Dienens, dann diene er. Wer zum Lehren berufen ist, der lehre; wer zum Trösten und Ermahnen berufen ist, der tröste und ermahne." (Röm 12,6–8a) Das rät Paulus im Römerbrief.

Und: Papa Schlumpf, Schlaubi, Hefti, Torti und Co setzen das konkret um. Jeder Schlumpf hat eine besondere Gabe und die nutzt er: Papa Schlumpf ist der Anführer, er hat den Überblick, schlichtet Streit. Schlaubi, der Schlaumeier, weiß einfach alles. Hefti ist der Muskelschlumpf und echt stark. Torti kocht und backt unglaublich lecker. Jeder Schlumpf nutzt seine Gabe, damit alle Schlümpfe leben können.

Schlumpfeis ist für Kinder. Die Schlümpfe und den Rat von Paulus können sich auch alle anderen auf der Zunge zergehen lassen.

Jede*r hat eine Berufung

„Todos temos uma vocação. Qual é a sua?" So lautet der Grundsatz der brasilianischen Berufungspastoral, auf Deutsch: Jede*r hat eine Berufung. Welche ist deine?

Mit dieser Frage komme ich 2003 nach sieben Monaten Brasilien zurück ins Ruhrgebiet und seitdem lässt mich die Frage nicht mehr los. Die Brasilianer haben allerdings nie gefragt: Wozu bin ich berufen? Sie haben immer gefragt: Welche Fähigkeiten hat Gott mir gegeben und wie kann ich meine Fähigkeiten für die Menschen einsetzen?

Biblisch gesprochen geht es darum, die eigenen Charismen zu entdecken. Das kann ich nicht alleine. Ich brauche Menschen, die meine Berufung fördern und mir Orte zeigen, wo meine Fähigkeiten gebraucht werden. Ich habe das Glück, immer wieder auf solche Menschen zu treffen und kann eine ganze Menge Fähigkeiten an mir entdecken.

Und wie ist es bei dir?

Jede*r hat eine Berufung.

Schwimmen im Kanal

Das Schwimmen im Kanal in Münster ist verboten. An heißen Tagen im Sommer hält sich aber kaum jemand daran und sogar die Schifffahrtsverwaltung des Bundes – die sind für den Kanal verantwortlich – drückt die Augen zu, wenn man sich an ein paar Regeln hält.

Ich finde das gut, denn am Kanal treffen sich ganz unterschiedliche Typen: Schülerinnen und Studenten, Professoren, Lehrerinnen und Handwerker, Einheimische und Zugezogene. Alle haben Badeklamotten an und so fallen die Unterschiede kaum auf. Und jeder will das gleiche: Ein Stück Wiese fürs Handtuch, ein kühles Getränk in der Hand und immer wieder in den Kanal zum Abkühlen. Und es funktioniert. Alle sind entspannt, zufrieden und glücklich.

Ich glaube: So hat mein Gott sich die Welt vorgestellt: Alle Menschen sind gleich, unabhängig von Herkunft, Geschlecht, Alter oder von der gesellschaftlichen Position. Jeder Mensch hat die gleiche Würde und dieselben Rechte.

Im wahren Leben geht es da um mehr als ein Stück Wiese, ein kühles Getränk und das Abkühlen im Kanal. Aber das ist doch schon mal ein Anfang an heißen Tagen im Sommer in Münster, wenn das Abkühlen im Kanal sogar von der Schifffahrtsverwaltung des Bundes geduldet wird.

Homer Simpson ist katholisch

Vor 30 Jahren lief die allererste Simpsons-Folge im deutschen Fernsehen. Und ob ihr es glaubt oder nicht: Bei den Simpsons spielen die verschiedenen Religionen von Anfang an eine große Rolle. Eine Serie mit echt vielen Anspielungen auf den Glauben. Mir gefällt das.

Vor ein paar Jahren hat eine Kirchenzeitung sogar behauptet: „Homer Simpson ist katholisch." Das musste die Zeitung später zwar zurücknehmen, auch weil der Erfinder der Simpsons sich dagegen gewehrt hat.

Wobei es sogar eine Folge gibt, in der Homer ernsthaft überlegt, katholisch zu werden. Er und Bart landen in der Folge im „katholischen Himmel": Da wird gelacht, getanzt und richtig gesoffen. Im „katholischen Himmel" wird ordentlich gefeiert. Homer, Bart und sogar Jesus sind mittendrin. Ob es im „katholischen Himmel" wirklich so aussieht, weiß ich nicht, aber diese Himmelsvorstellung gefällt mir.

In einer anderen Folge ist Homer alleine im Himmel und beschwert sich darüber bei Gott. In einem Himmel ohne Marge, Bart, Lisa und Maggie will Homer nicht sein. Denn: Ein ewiges Leben ohne seine Familie kann er sich nicht vorstellen. Und auch diese Himmelsvorstellung gefällt mir. Ein ewiges Leben kann ich mir nur mit den Menschen vorstellen, die mir wichtig sind. Ich sehe das wie Homer Simpson – egal, ob der nun katholisch ist oder nicht.

Mit Liebe zuscheißen

„Das Internet macht die Menschen zu schlechteren Menschen," hat mir ein Kollege erklärt. Zugegeben. Es war ein älterer Kollege. Ich bin da anderer Meinung. Natürlich wird bei Facebook, Twitter und Co. gehatet, was das Zeug hält: Rassismus, Sexismus, Fake-News. Das Internet ist nicht nur voll von Einhörnern und Liebe.

Auf meiner timeline entdecke ich aber immer wieder Facebook-Freunde, die sich in Diskussionen einmischen, Gegenargumente liefern oder einfach nett sind. Regelmäßig taucht der #ichbinhier auf. In der gleichnamigen Facebook-Gruppe organisieren sich User, um gemeinsam gegen Hass, Hetze und Fake-News vorzugehen. Die Idee kommt aus Schweden und über 45.000 Gruppenmitglieder*innen zeigen, dass die Idee auch in Deutschland gut ankommt. Hannes Ley, einer der Gründer von #ichbinhier, nennt die aktiven Mitglieder eine Taskforce, die daran glaubt, dass Fakten, Mut und Freundlichkeit stärker sind als Gerüchte, Angst und Hass.

Ein Facebook-Freund von mir ist noch konkreter. Er sagt: „Hater musst du mit Liebe zuscheißen." Also Leute, scheißt die Hater mit Liebe zu und zeigt meinem älteren Kollegen und vor allem den Hatern, dass das Internet Menschen nicht schlechter macht, sondern voller Verständnis, Freundlichkeit und Respekt sein kann. Gerne auch voll von Liebe und Einhörnern.

Weihnachtsstress

Wenn du denkst, du hast Weihnachtsstress mit ein bisschen Plätzchen backen und Geschenke kaufen, dann willst du nicht mit meiner Freundin Julia tauschen. Die muss bis Weihnachten 1.500 Stollen beim Bäcker abholen, das Weihnachtsessen für 800 Personen vorbereiten und noch eine ganze Menge Geschenke einpacken.

Seit ein paar Jahren organisiert sie zusammen mit vielen Freiwilligen die große CVJM-Weihnachtsfeier für alleinstehende Männer in Düsseldorf. Einen ganzen Saal schmücken sie für Männer, die Weihnachten sonst alleine wären. Und wenn du jetzt denkst, das nur Alte und Obdachlose vorbeikommen: Von Julia weiß ich, dass da viele Berufstätige mitfeiern, deren Familien weit weg wohnen und die es wegen ihres Jobs an Heiligabend nicht nach Hause schaffen.

Solche Weihnachtsfeiern gibt es mittlerweile in vielen Städten, auch wenn nicht alle so groß sind, wie die von Julia. Ich finde das grandios. So müssen weniger Menschen Weihnachten alleine feiern. Und diese Weihnachtsfeiern gibt es nur, weil Julia und viele andere in den Tagen vor Weihnachten ganz viel vorbereiten und damit deutlich mehr Stress haben als du und ich.

Deswegen habe ich großen Respekt vor ihnen und finde das echt klasse, dass sie das machen – besonders an Weihnachten. Und falls ich in meinem Weihnachtsstress vergesse, warum wir Weihnachten feiern, dann denke ich an Julia, die sagt nämlich: „Weihnachten ist für mich, wenn der Anzugträger neben dem Obdachlosen sitzt."

Internationales Brot

„Nach dem Urlaub freue ich mich wieder auf ein ordentliches Brot." Angeblich vermissen Deutsche im Ausland am ehesten das deutsche Brot. Und das kann ganz unterschiedlich sein. In Deutschland werden weltweit die meisten Brotsorten gebacken und gegessen:

Weizenbrot, Roggenbrot, Mehrkornbrot, Dinkelbrot, Knäckebrot, Fladenbrot, Toastbrot, Dampfkammerbrot, Kefirbrot, Sonnenblumenbrot, Nussbrot, Osterbrot, Kartoffelbrot, Bauernbrot, Paderborner Brot, Schwarzwälder Brot, Kasseler Brot, Warburger Brot, Bayrisches Hausbrot, Berliner Landbrot, Ulmer Zuckerbrot, Leinsamenbrot, Mischbrot, Sesambrot, Tomatenbrot, Zwiebelbrot, ...

In meiner Kirche geht es auch um Brot. Es gibt nur eine Sorte und die ist überall gleich: Eine kleine, runde Brotoblate, eine Hostie. Ich glaube, es ist Jesus, der von sich selbst sagt: „Ich bin das Brot des Lebens." (Joh 6,35)

Auf dieses Brot brauche ich im Ausland nicht zu verzichten. Die Zutaten der gewandelten Hostien sind international gleich: Wasser, Weizenmehl und Heiliger Geist.

Und wie geht es dir gerade so?

„Und wie geht es dir gerade so?" Die Frage erreicht mich im Moment täglich mindestens einmal über irgendeinen Messengerdienst von Arbeitskolleg*innen, Freunden und Bekannten.

Wer in diesen Corona-Zeiten alles an mich denkt, finde ich super. Dafür bin ich echt dankbar. Bei mir in der Nachbarschaft und in meiner Stadt hat das während des Lockdowns auch ganz gut geklappt mit dem an andere Denken und denen helfen, die es nötig haben.

Wo das nur so bedingt klappt, ist in Europa und weltweit. Ich habe Freunde in Brasilien, ein Arbeitskollege kommt aus Indien, eine Bekannte hat Freunde in Kenia. In allen drei Ländern sind die Corona-Fallzahlen deutlich höher. Und vor allem sind dort und in vielen anderen Ländern die Folgen der Pandemie deutlich krasser als für die meisten von uns.

Ihr denkt jetzt kommt so ein typisches Kirchending, ich weiß, aber mal ehrlich: Während wir uns über die Rückkehr zur Normalität freuen, braut sich in vielen anderen Ländern gerade eine riesengroße soziale Katastrophe zusammen.

Ich würde mir wünschen, wenn wir da zwischendurch auch mal dran denken und so im übertragenen Sinne ein paar Nachrichten in die Welt schicken, z.B. durch Spenden für entsprechende Hilfsorganisationen oder indem wir beim Einkaufen auf faire Produktionsbedingungen achten.

Das wäre dann die internationale Variante von „an andere denken" und denen helfen, die es nötig haben.

Es gibt keinen Fußballgott

Letzter Spieltag der Bundesliga – und ich habe eine schlechte Nachricht für alle Fußballfans: Es gibt keinen Fußballgott. Klar, er wird von Trainern, Spielern und vor allem von den Fans beschworen. Der FC Bayern hat einen Lauf und viele befürchten: Der Fußballgott ist Bayer. Die Dortmunder sind vom Fußballgott verlassen und nach Schalke ist er mit Huub Stevens wieder zurückgekehrt. Der Fußballgott ist je nach Situation Schalker, Kölner, Dortmunder und immer auf der Seite der Gewinner. An so einen Gott glaube ich nicht.

Ich glaube an einen anderen Gott. Mein Gott kennt den Schmerz der Niederlage selbst, er wurde gefoltert und am Kreuz getötet – das ist schmerzhafter als absteigen. Mein Gott ist nach drei Tagen auferstanden von den Toten, er hat den Tod besiegt – das ist mehr als ein 3:2 Sieg gegen Bayern. Mein Gott hat versprochen: „Ich bin bei euch alle Tage." (Mt 28,20) Egal, ob du gewinnst oder verlierst, ob du gut spielst oder nur zuguckst. Mein Gott hält die Meisterschale mit hoch und stützt die Absteiger. Mein Gott feiert, tröstet und ist beim Fußball unparteiisch. Mein Gott ist zwar kein Fußballgott, aber er ist immer da! Auch im Stadion.

Gott hat keine Vereinsfarben

In der Arena „Auf Schalke" gibt es eine Kapelle – genau auf der Höhe der Mittellinie, zwischen den beiden Spielerkabinen – mitten im Stadion. An dem Ort, an dem der Fußball regiert, an dem es um Sieg oder Niederlage geht, um Auf- oder Abstieg, um Meisterschaft, Champions League und viel Geld, da gibt es eine Kapelle. Da gibt es einen Ort, an dem Gott im Mittelpunkt steht.

Ich finde das klasse. Die Kapelle bietet Spielern, Trainern und Fans die Möglichkeit, aus dem Fußballtrubel auszusteigen und an einen Ort zu gehen, an dem es nur um einen selbst und Gott geht, unabhängig von Trainingsleistung, Tabellenplatz oder Spielergebnis.

Ein Glaubenszeugnis aus Stein mitten im Stadion. Denn das macht die Kapelle klar: Gott ist mitten unter uns und ihm sind selbst im Stadion die Vereinsfarben egal. In der Stadionkapelle „Auf Schalke" ist nämlich nichts blau-weiß und ein Fußball fehlt auch. Hier wird nicht um den Ball gekämpft, sondern um die Sinnfragen des Lebens. Und bei diesen Fragen kann zumindest in der Kapelle „Auf Schalke" sogar ein BVB-Fan Antworten finden, denn Gott hat keine Vereinsfarben – weder blau-weiß, noch schwarz-gelb.

Gemischte Tüte

GESCHICHTEN ÜBER DIE KLEINEN DINGE

Verschenke Zeit

Und, schon an Weihnachtsgeschenke gedacht? Ich habe einen Tipp: Verschenke Zeit. Habe ich letztens selber bekommen. Nicht zu Weihnachten. Bei mir gab es einen anderen Anlass.

Mein Freund Franz hat mir einen Brief geschrieben. Hört sich jetzt erstmal nicht so innovativ an. Na ja, er hat ihn mit Schreibmaschine geschrieben. Ziemlich oldschool. Aber ich finde die Idee klasse. Die Schrift sieht aus wie Courier New mit leerer Druckerpatrone gedruckt. Aber die Buchstaben kann man fühlen, weil sie ins Papier gedruckt sind. Und bei den Punkten ist oft ein kleines Loch. Der Brief sieht schön aus und der Text ist toll.

Das Besondere an dem Geschenk ist aber die Zeit, die mein Freund Franz sich dafür genommen hat. Zehn Mal hat er den Brief geschrieben. Immer wieder war ein Fehler drin. Tippfehler kann man mit der Schreibmaschine nicht so leicht verbessern. Da musst du ein neues Blatt einspannen und wieder von vorne losschreiben. Das kostet Zeit. Mein Freund Franz saß einen ganzen Nachmittag an dem Brief. Viel Zeit für ein paar Zeilen.

Die Botschaft dahinter habe ich auch verstanden: Du bist mir wichtig. Für dich nehme ich mir Zeit. Ein tolles Geschenk. Und vielleicht eine passende Geschenkidee für deine Freunde zu Weihnachten – falls du noch eine Schreibmaschine hast ...

Kerze anzünden

Meine Freundin ist gerade in Tansania, an der Ostküste Afrikas. Das ist echt weit weg und nicht nur wegen des langen Fluges mache ich mir Sorgen um sie. Heute Morgen habe ich im Dom eine Kerze für sie angezündet. Dabei habe ich gebetet für sie und für einen sicheren Rückflug. Jetzt sitze ich am Schreibtisch und muss mich auf ganz andere Sachen konzentrieren. Aber ich weiß: Die Kerze im Dom brennt immer noch.

Und genau deswegen zünde ich gerne Kerzen in Kirchen an und bete dort kurz. Ich danke für tolle Erlebnisse, denke an jemanden, der krank ist, bitte Gott um seinen Segen für Freunde, für eine gute Reise oder einen sicheren Rückflug. Das mache ich zwischendurch, auch wenn ich wenig Zeit habe. Denn ich glaube, wenn ich wieder weg bin, brennt die Kerze und betet quasi stellvertretend für mich weiter.

Einfach helfen

Ich schließe mein Fahrrad an die Laterne vor meinem Münsteraner Supermarkt. Auf dem Seitenstreifen hält ein fetter, weißer SUV. Der entsprechende Typ Fahrer steigt aus. Im Eingangsbereich meines Supermarktes sitzt eine Bettlerin. Gegen die Kälte hat sie sich in eine Decke gehüllt. Neben ihr kauert ein Hund. Immer wieder spricht sie Leute an und bittet um Geld.

Das ist gerade alles ziemlich typisch Münster, denke ich und suche meinen Einkaufszettel. Der SUV-Typ steht vor dem Parkscheinautomaten und sucht scheinbar auch etwas. Plötzlich dreht er sich um und geht zielstrebig auf die Bettlerin zu. „Entschuldigung, hätten sie etwas Kleingeld für mich?" fragt der SUV-Typ freundlich. Die Bettlerin ist genauso überrascht wie ich und hilft.

Nach meinem Einkauf sehe ich das Parkticket im SUV liegen und denke: Manchmal kann helfen so einfach sein.

Eine Lektion im Helfen

Da haben mir doch drei schick gekleidete ältere Damen in der Kölner U-Bahn eine Lektion in Sachen Helfen erteilt. Die drei Damen sitzen in ihrer Opernkleidung in der Nähe vom Fahrkartenautomaten. Sie unterhalten sich so laut über all ihre Bekannten und deren Verfehlungen, dass alle es mitbekommen – ob man will oder nicht.

Vor dem Automaten verzweifelt eine junge Mutter mit zwei Kindern, denn das Ding nimmt nur Münzgeld. Die junge Mutter hat nur einen Zehner und braucht dringend Wechselgeld. Die Kinder quengeln. Ich selbst habe nur zwei Euro und Scheine in der Tasche – kann also nicht wechseln. Viele andere auch nicht. Keiner kann den Zehner kleinmachen. Die junge Mutter ist frustriert, will nicht ohne Ticket fahren.

Und dann steht eine der schicken alten Damen auf, ruft die junge Mutter und gibt ihr all ihr Kleingeld – zwei Euro noch was. Zu ihren Freundinnen sagt sie: „Und jetzt ihr." Die anderen Damen legen dazu und es reicht für ein Erwachsenen- und zwei Kindertickets. Die junge Mutter ist total dankbar, will den Damen den Zehner geben. Die winken ab. „Wie sollen wir drei den denn teilen? Wir haben ja kein Kleingeld mehr."

Und das war die Lektion, die ich von den schicken älteren Damen gelernt habe: Den Zehner wechseln konnte ich zwar nicht, der jungen Mutter hätte ich dennoch helfen können. Ganz einfach und sehr konkret.

Engel brauchen keine Flügel

Wie einfach es ist Engel zu sein, habe ich in meiner Mittagspause verstanden. Und das war so: Auf dem Rückweg zurück zum Büro laufen meine Kollegin und ich an den zwei Stufen vor der Kirche vorbei. Das ist eine beliebte Abkürzung zum Coesfelder Marktplatz, nur leider ist die nicht barrierefrei.

Eine alte Frau versucht ihren mit Einkaufstüten beladenden Rollator die zwei Stufen hochzuheben und scheitert. Mitten im Gespräch mit meiner Kollegin gehe ich zu der alten Frau und helfe ihr. Ich hebe erst den Rollator die zwei Stufen hoch, dann stütze ich die alte Frau. Die ist überrascht und strahlt mich an. „Danke, Sie sind ein Engel."

Ich erzähle das hier nicht, um zu sagen, wie toll ich gewesen bin. Das war keine große Sache und hat mich keine Minute gekostet. Ich erzähle das, um zu zeigen, wie einfach es ist Engel zu sein. Und weil Engel gerade gebraucht werden.

In meiner Mittagspause habe ich verstanden: Engel brauchen keine Flügel. Engel brauchen offene Augen, ein mitfühlendes Herz und zumindest so starke Arme, dass sie Rollatoren tragen können. Ach ja und eigentlich labern Engel nicht rum, Engel packen an.

Krawatte binden

Ich kann keine Krawatten binden. Ich trage die einfach viel zu selten. Aber dann ist der Vater eines Freundes gestorben. Und auf der Beerdigung will ich meine schwarze Krawatte tragen. Morgens im Badezimmer schaffe ich es nicht sie vernünftig zu binden. Zu kurz, zu lang, kein vernünftiger Knoten.

Später im Zug will ich ein Onlinetutorial laden. Kein Netz. Mist. Ich versuche es ohne und schaffe es wieder nicht. Neben mir sitzt ein etwas schmuddeliger Typ und öffnet sein drittes Dosenbier. Ich schlürfe meinen Kaffee und merke, dass der Typ mich beobachtet. Und dann meint er: „Gib mal her. Ich mache das."

Ich zögere kurz. Traue dem ehrlich gesagt nicht zu, dass der mir meine Krawatte binden kann. Dann gebe ich ihm die Krawatte trotzdem. Und nach dem zweiten Versuch gibt er mir meine Krawatte mit einem perfekt gebundenen Knoten zurück. Den Namen sagt er mir auch noch: Irgendwas doppeltes. „Musste ich früher öfters machen," meint er.

Ich bin beeindruckt. So einen schicken Krawattenknoten hatte ich noch nie. Und ich habe wieder mal was verstanden. Krawatte binden kann man auch nach dem dritten Dosenbier und vor allem: Hilfe kommt nicht nur von den Typen, die danach aussehen.

Die blauen Chucks

Die blauen Chucks, die ich mir mittags gekauft habe, will ich noch am selben Abend anziehen. Den rechten Schuh habe ich schon an, der linke ist ein bisschen eng. Ich lockere die Schnürsenkel und trotzdem passt der Schuh nicht ... Doch eine Nummer zu klein? Ne, der linke ist auch ein rechter Schuh.

Scheiße, denke ich. Die Zeit wird knapp. Ich bin verabredet und der Schuhladen macht gleich zu. Auf dem Weg zum Schuhladen überlege ich, wie die Verkäuferin wohl reagieren wird: Glaubt sie mir? Muss ich mit ihr diskutieren? Kann sie sich überhaupt noch an mich erinnern?

Kann sie. Als ich in den Laden komme, guckt sie mich freudestrahlend an und ruft durch den ganzen Laden: „Du bist zurückgekommen. Entschuldigung. Ich habe meinen Fehler sofort bemerkt und bin dir noch hinterher, aber du warst schon weg. Es tut mir echt leid."

Nach meinem zweiten Besuch verlasse ich den Schuhladen mit einem rechten und einem linken Schuh der blauen Chucks an den Füßen. Und ich habe noch etwas Anderes mitgenommen: Fehler macht jeder mal. Die zugeben und wiedergutmachen ist manchmal gar nicht so schwer und kann sogar Freude machen.

Meine Lieblingstasse

Sonntagmorgen im Winter: Draußen ist es kalt, aber die Sonne scheint durch das Fenster auf mein Sofa im Wohnzimmer. Ich bin halbwegs wach und will den Tag entspannt starten. Mit der Kaffeekanne in der einen Hand, einem Buch und meiner Lieblingstasse in der anderen, schlurfe ich zum Sofa in die Sonne.

Da rutscht mir meine Lieblingstasse aus der Hand, knallt auf den Glastisch und liegt zerbrochen auf dem Boden. Scheiße! Die Sonntagmorgensofasonnenstimmung ist vorbei, im Glastisch eine Macke und meine Lieblingstasse kaputt. Ich atme tief durch, setze mich hin und suche schnell online, ob ich meine Lieblingstasse irgendwo nachbestellen kann – kann ich nicht.

Resigniert sammele ich die Scherben ein und stecke sie wieder zusammen. Mit Sekundenkleber repariere ich meine Lieblingstasse und bin mit dem Ergebnis ganz zufrieden.

Wenn ich jetzt aus meiner geklebten Lieblingstasse Kaffee trinke, sehe ich die Macken, die Risse und die Sekundenkleberflecken und denke: Genau wie mein Leben, auch da musste ich schon einiges reparieren. Manche Macken, Risse oder Flecken sieht man, andere nicht, aber das bin ich und heute ist es gut so, wie es ist. Wie bei meiner Lieblingstasse und ich meine, aus ihr schmeckt der Kaffee jetzt sogar noch ein bisschen besser.

Ich glaube

Ich glaube! Ich glaube an den WM-Titel der deutschen Fußballer im nächsten Jahr. Ich glaube an einen oberen Tabellenplatz des 1. FC Köln am Ende der Saison. Ich glaube an die Liebe.

Glauben heißt: Sich für etwas entscheiden, für das es keine rationalen Gründe gibt. Meinen Glauben an den WM-Titel können sicher viele nachvollziehen, bei der Liebe und dem FC gibt es wahrscheinlich mehr Skeptiker. Aber das ist mir egal. Ich habe mich dafür entschieden, an den Erfolg des FC zu glauben – und an die Liebe!

Auch für den Glauben an Gott habe ich mich entschieden. Ich habe keinen Gottesbeweis. Ich glaube nicht, weil ich es weiß, sondern weil ich mich entschieden habe, es zu versuchen. Ich will einfach versuchen, mein Leben so zu leben, als gäbe es Gott. Das klappt manchmal besser und manchmal schlechter.

Klar, zweifle auch ich an Gott und bin mir unsicher in meiner Entscheidung. Das kenne ich auch von der Liebe und vor allem von meinem FC. Da zweifle ich oft an meiner Entscheidung.

1 Meter 37 hoch zehn

1 Meter 37 ist keine Entfernung. 1 Meter 37 sind etwas mehr als ein großer Schritt. Normalerweise ein Katzensprung. Im Klettergarten in Dülmen, in zehn Metern Höhe auf einem schmalen Holzbalken, fühlt sich das ganz anders an.

Es nieselt ein wenig. Ich balanciere den Balken entlang bis zum Ende und stehe vor einer Lücke von 1 Meter 37. Ich gucke rüber zur Plattform. Das Holz glänzt vor Nässe und ich muss mich jetzt nur trauen zu springen. Unser Trainer vom Klettergarten steht unten und sichert mich. Das weiß ich, es ist mir gerade egal. Ich soll mir merken, welchen Satz ich im Kopf habe, bevor ich springe. Ich zitiere Matrix: „Mein Geist ist frei!" – und springe.

Geschafft! Beide Füße auf der Plattform. Ich stehe! Geil! 1 Meter 37 gesprungen in zehn Metern Höhe. Ein super Gefühl, traumhaft! Ich bin jetzt voller Adrenalin und total happy. Grandios. So ein grandioses Gefühl habe ich schon lange nicht mehr gehabt und ich möchte nicht, dass es wieder geht.

So muss sich der Himmel anfühlen. Einfach Grandios. Alles ist erfüllt. Nichts fehlt. Mein Geist ist frei.

Urlaub mit Gott

Ich freue mich auf meinen Urlaub und mein Gott freut sich auch.

Oh ja. Gott mag Urlaub. Da ist er so wie ich. Auf alle Fälle raus, bewegen und etwas Neues sehen. Gerne irgendwas Sportliches. Mein Gott schwitzt gerne, mein Gott mag Bewegung, mein Gott ist gerne in seiner Schöpfung unterwegs. Mein Gott liebt die Urlaubszeit. Da kommt er raus und die Menschen haben Zeit für ihn. Die Menschen sind bei ihm und er ist bei ihnen. Das mag er, denn da kann er sich erholen von miefigen Meditationsräumen, dunklen Kapellen, alltagsentfernten Klostergärten, ruhigen Kirchen und weitläufigen Exerzitienhäusern.

Mein Gott freut sich schon auf das Dünencampen auf Texel, die Fahrradtour durch Südschweden, das Wandern in Island, die Bergtour in der Schweiz, das Joggen auf Lanzarote, den Strandurlaub in Griechenland ...

Und auf dich! Schönen Urlaub euch beiden.

Mittendrin

Ich habe ein neues Lieblingskreuz. Es ist aus Holz, relativ schlicht und fast 100 Jahre alt. Erstmal nichts Besonderes. Besonders ist der Ort, an dem es steht. Mein Lieblingskreuz steht nicht in einer Kirche oder auf einem Friedhof. Es steht in einem Vorgarten schräg gegenüber von meiner Wohnung.

Warum es genau dort steht? Das weiß ich nicht und der aktuelle Hausbesitzer weiß es auch nicht. Aber es steht in seinem Vorgarten, zwischen ein paar Birkenbäumen direkt an Bürgersteig, Fahrradweg und Straße. Das Kreuz steht mittendrin, mitten im Leben der Stadt.

Viele kommen täglich an dem Kreuz vorbei. Ich auch, manchmal sogar mehrmals am Tag: Morgens, wenn ich mit dem Fahrrad zur Arbeit fahre, abends beim Joggen oder nachts nach einer Kneipentour.

Egal, wie es mir geht und was ich mache: Das Kreuz steht im Vorgarten und erinnert mich an meinen Gott, der Mensch geworden ist und mittendrin war im Leben. Und von dem ich glaube, dass er auch jetzt mittendrin ist in meinem Leben, wenn ich arbeite, jogge oder in die Kneipe gehe.

Göttliche Flanke

Als Torjäger kennen mich die Jungs meiner Hobbyfuss-ballgruppe nicht. Ich bin eher der Läufer, Kämpfer und Abräumer im defensiven Bereich. Tore mache ich selten, Traumtore nie. Bis vor vier Wochen, da habe ich eins ge-macht. Mit dem Kopf. Nach einer Flanke von Ralf, einer wahrhaft göttlichen Flanke.

Ralf steht an der anderen Seite des Spielfelds, guckt, wartet kurz und schießt den Ball im hohen Bogen genau auf meinen Kopf. Ich steh am langen Pfosten, springe kurz hoch und brauche den Ball nur noch in die leere Ecke des Tores reinzuköpfen: Ein Traumtor.

Danke Ralf, für deine göttliche Flanke. Und auf mein Leben übertragen: Danke an alle, die mir da göttliche Flanken geben. Danke für alle Bälle, die ich einfach nur reinköpfen muss.

Und für dein Leben wünsche ich dir ebenfalls göttliche Flankengeber*innen, die dir im richtigen Moment einen Ball genau auf deinen Kopf flanken.

Blind klettern

Ich stehe unten an der Kletterwand, schließe meine Augen und suche den ersten Griff. Blind klettern in der Kletterhalle – das ist echt eine krasse Erfahrung: Mit den Füßen fühle ich nach einem Tritt, dann drücke ich mich die Wand hoch. Mit geschlossenen Augen ertaste ich Griffe und Tritte und weiter geht es nach oben.

Ich weiß weder wie hoch ich bin, noch wie weit es noch bis oben ist. Immer wieder berühre ich mein Sicherungsseil und weiter geht es nach oben, Schritt für Schritt und Tritt für Tritt. Ich bin unsicher, ein bisschen ängstlich, aber ich weiß, Krzysztof sichert mich – da kann nichts schiefgehen.

Ich bin so konzentriert, dass ich gar nicht merke, oben angekommen zu sein. Ich suche den nächsten Griff und greife ins Leere. Da ruft Krzysztof von unten: „Du hast es geschafft." Klasse. Grandios. Absolut geile Erfahrung.

Und die wünsche ich dir und mir auch im Alltag: Wenn du im Dunkeln nach Halt suchst, wünsche ich dir jemanden, der dich sichert und der dich daran erinnert, dass das Dunkel ein Ende hat.

Pakete

GESCHICHTEN,
DIE ETWAS SCHWERER SIND

Gaby

Ich trinke Kaffee nur ungern aus kleinen Tassen. Ich liebe Kaffee aus großen Bechern. Aber in katholischen Bildungshäusern, und da halte ich mich berufungsbedingt etwas öfter auf, wird Kaffee leider aus kleinen, dünnwandigen, weißen Tassen getrunken. Darum muss ich mir in jeder Pause selber einen Becher aus der Küche holen.

Gaby, die junge Frau aus der Küche, hat meine Vorliebe für die großen Becher mitbekommen und stellt seitdem neben die kleinen Tassen ein paar große Becher. Gaby ist auch sonst super aufmerksam: Sie findet verlorene oder vergessene Gegenstände im Haus wieder und gibt sie zurück. Und wenn ich am Nachmittag ein Tief habe, suche ich Gaby, denn dann kocht sie eine Kanne Kaffee extra.

Warum ich das erzähle? Seit einem halben Jahr kocht Gaby keinen Kaffee mehr. Gaby ist tot. Umgekommen bei einem Autounfall. Ich hab es über eine Mail erfahren und war geschockt. Ich habe Gaby nicht besonders gut gekannt und bin nicht mit ihr befreundet gewesen, aber ich vermisse sie und ihre aufmerksame Art.

Ich glaube, dass Gaby jetzt im Himmel ist und mich hört: Liebe Gaby, ich habe mich nie richtig bei dir bedankt. Jetzt hole ich das nach: Wenn wir uns irgendwann wieder sehen, bekommst du einen großen Becher Kaffee von mir und darauf steht: Danke!

Da kommt noch was

Wenn ich zum Essen eingeladen bin, freue ich mich, wenn der Tisch so richtig schick gedeckt ist: Ein schöner Teller für die Hauptspeise, eventuell ein zweiter für die Vorspeise, Gläser für Wasser, Bier oder Wein. Links und rechts vom Teller liegt Besteck für Pasta, Pizza, Fisch oder ein gutes Steak. Manchmal kann ich schon erraten, was wir essen werden, je nachdem wie der Tisch gedeckt ist und dann läuft mir das Wasser im Mund zusammen.

Besonders achte ich bei dem gedeckten Tisch auf kleine Löffel oder kleine Gabeln oberhalb des großen Tellers. Sie sind der Hinweis: Da kommt noch was – ein leckeres Tiramisu, ein warmer Apfelcrumbel oder ein kleiner Schokokuchen. Darauf freue ich mich besonders, denn Nachtisch geht bei mir immer.

Wie die Tische auf meiner Beerdigung gedeckt werden, weiß ich noch nicht. Was ich weiß: Auf meiner Beerdigung soll jeder Gast einen kleinen Löffel bekommen. Das ist dann mein Hinweis an die Gäste: Ich glaube, da kommt noch was.

Verzeihen

Dem Mörder meines Vaters verzeihen? Das könnte ich nicht. Die Brüder in Taizé, einer kleinen Mönchsgemeinschaft in Frankreich, konnten es. Frère Roger, der Gründer und geistliche Vater der Gemeinschaft, ist am Abend des 16. August 2005 von einer psychisch kranken Frau erstochen worden. Der alte Mann, der sich sein ganzes Leben für Frieden und Gewaltlosigkeit einsetzte, ist auf brutale Weise aus dem Leben gerissen worden.

Bei seiner Beerdigung haben die Brüder für die Mörderin ihres Vaters gebetet: „Gütiger Gott, wir vertrauen deinem Verzeihen Luminita Solcan an, die durch eine krankhafte Tat dem Leben unseres Bruders Roger ein Ende bereitet hat. Mit Christus am Kreuz sagen wir zu dir: Gütiger Gott, verzeih ihr, sie wusste nicht, was sie tat."

Das Gebet beeindruckt mich. Ich könnte das nicht beten. Die Brüder konnten es und meinen es ernst. Ihr Vertrauen auf Gott und auf ein Leben bei Gott nach dem irdischen Tod, ist so groß, dass sie aus vollem Herzen verzeihen können, sogar einen Mord. Damit geben mir die Brüder von Taizé ein starkes Glaubenszeugnis für einen Gott, der liebt und verzeiht – und für das Leben nach dem Tod.

Mein Gott ist nicht gerecht

Mein Gott ist nicht gerecht. Nicht nach menschlichen Maßstäben. Da schmeißt ein Vater eine teure Party für einen seiner zwei Söhne, der sein vorausbezahltes Erbe zuerst verprasst und dann kleinlaut zurückkommt. Der Vater nimmt ihn in den Arm und feiert ihn, obwohl sein anderer Sohn zu Hause gearbeitet und sparsam gelebt hat.

Die Geschichte stammt übrigens von Jesus. Der hat auch erzählt von einem Chef, der im Laufe eines Tages verschiedene Arbeiter anheuert, für ihn zu arbeiten. Am Ende des Tages bekommen sie, trotz unterschiedlich langer Arbeitszeiten, den gleichen Lohn.

Mit beiden Geschichten wollte Jesus etwas über meinen Gott aussagen. Mein Gott ist wie der Vater oder der Chef der Arbeiter. Gerecht nach menschlichen Maßstäben ist er nicht. Ich finde ihn im ersten Moment sogar ziemlich ungerecht. Das liegt an meinem menschlichen Gerechtigkeitsempfinden: Gerecht ist, wenn jede*r das Gleiche bekommt.

Mein Gott versteht Gerechtigkeit etwas anders: Er gibt jeder*m das, was er*sie braucht. Da bekommt der zurückgekehrte Sohn eine große Willkommensparty, damit er versteht: Du gehörst weiterhin zur Familie, egal, was du getan hast. Und die Arbeiter bekommen so viel Lohn, damit es zum Leben reicht. Vielleicht ist das nach menschlichen Maßstäben nicht gerecht, aber das ist gerecht nach göttlichem Verständnis. Das ist barmherzig. Und genau so ist mein Gott.

Facebook ist der bessere Friedhof

Facebook ist der bessere Friedhof. Ich nutze Facebook und ich komme mir manchmal vor wie auf dem Friedhof. Nicht, weil auf Facebook nichts mehr los ist. Ganz im Gegenteil. Aber in meiner Freundesliste häufen sich die Facebook-Freunde, die tot sind. Also nicht auf Facebook einfach inaktiv, sondern gestorben. Leider.

Immer wieder tauchen sie auf. Facebook erinnert mich an ihre Geburtstage oder schlägt mir vor, sie zu Veranstaltungen einzuladen. Dann zucke ich zusammen. Durch ihre Profile wirken sie so lebendig.

Und genau die gucke ich mir dann an. Ich scrolle durch die Timeline meiner toten Facebook-Freunde. Bei anderen würde ich mir wie ein Stalker vorkommen. Hier erinnere ich mich einfach gerne an gemeinsame Erlebnisse, vor allem an Kleinigkeiten: Der Workshop, an dem wir beide teilgenommen haben, das Frühstück in seiner Wohnung, das spontane Feierabendbier, der viel zu starke Kaffee im Büro oder die Gespräche über unsere Reisen.

Und in dem Fall ist Facebook wirklich der bessere Friedhof. Durch die Bilder und die vielen Posts kann ich mich leichter erinnern, als vor einem schlichten Grabstein. Und ich gebe zu: Von den meisten weiß ich nicht einmal genau, auf welchem Friedhof sie liegen. Stattdessen tauchen meine toten Facebook-Freunde unerwartet auf meinem Smartphone auf und dann denke ich an sie. Das ist nicht immer schön, aber es ist gut.

Wir sehen uns

Ich bin selten sprachlos. Mir fehlen aber die Worte, wenn ich todkranken Menschen begegne. Ich weiß nicht, was ich der Kollegin mit Leukämie sagen soll oder der jungen Mutter mit Brustkrebs. Ich will nichts Falsches sagen, will Mut machen und Kraft geben, aber vor allem nicht belanglos rumlabern.

Jürgen Klopp ist auch nicht bekannt als sprachloser Typ. Und er hat die richtigen Worte gefunden in einer Videobotschaft an einen krebskranken Liverpool Fan, der nur noch wenige Wochen zu leben hatte: „Wir sehen uns."

Die Worte finde ich stark und genau die richtigen. Sie geben Kraft und machen Mut und sind nicht belanglos. Denn: Kloppos Worte sind ein klares Bekenntnis. Er glaubt an ein Leben nach dem Tod und dazu bekennt er sich, öffentlich und deutlich: „Ich bin Christ. Wir sehen uns."

Ich glaube das auch und hoffe, dass ich in Zukunft auch in solchen Situationen seltener sprachlos bin.

Religionsfreiheit

Ich kann sonntags in die Kirche gehen und während der Woche in der Kirche um die Ecke eine Kerze anzünden. Ich darf beten, sogar öffentlich und meine Kirche kann Großveranstaltungen, wie den Katholikentag organisieren. Klar, es gibt Kritik, aber es wird erlaubt. Ich durfte aus religiösen Gründen den Wehrdienst verweigern und habe an christlichen Feiertagen frei.

Ich bin froh in einem Europa zu leben, in dem ich die Freiheit habe, meinen Glauben leben zu können. Diese Freiheit haben Millionen andere Menschen nicht. Allein 100 Millionen Christ*innen gelten weltweit als verfolgt. Sie werden aufgrund ihres Glaubens entführt, gefoltert oder sogar getötet.

Egal, was du von der Kirche hältst, ob du jüdisch, muslimisch oder hinduistisch glaubst oder ob du Atheist*in bist. Hier geht es nicht um den Glauben. Hier geht es nicht um die Kirche. Hier geht es nicht um das Christentum. Hier geht es um ein Menschenrecht. Hier geht es um die Religionsfreiheit und die ist bedroht. Das macht mir Sorgen.

Und diese Religionsfreiheit schützt übrigens auch Atheist*innen, denn Religionsfreiheit braucht keinen Glauben.

Kopfkino

Freitagmittag: In der Dönerbude ist ordentlich Betrieb. Döner, Pizzen und Lahmacun gehen über die Theke. Vor mir steht ein Mann mit langem, beigen Gewand und Bart – ich denke: Salafistenlook. Er telefoniert.

Und – scheiße: Ich habe ein komisches Gefühl. Kopfkino. Ich sehe den Mann, in seiner arabischen Kleidung, höre ihn arabisch in sein Smartphone sprechen und denke: Was, wenn der jetzt hier...? Mitten in der Dönerbude. Was, wenn er jetzt...

Ich denke: Quatsch, habe aber Angst. Wäre froh, er würde gehen. Er wäre nicht hier. Wegen seiner Kleidung. Wegen seines Äußeren. Ohne ihn zu kennen. Ohne genaueres über ihn zu wissen.

Meine Freundin steht neben mir und hat von meinem Kopfkino nichts mitbekommen. Sie beißt in ihren Döner, möchte die Sonne genießen und schlägt vor, sich auf die Wiese gegenüber zu setzen. Wir gehen raus, genießen die Sonne und unsere Döner.

Den Muslim in seinem langen, beigen Gewand habe ich nicht mehr gesehen. Aber ich denke an ihn und kaue weiter an dem Gedanken: Was wenn er Jeans und T-Shirt getragen hätte? Und: Was ist eigentlich in meinem Kopfkino kaputt?

Schokolade

GESCHICHTEN ÜBER KIRCHE, WIE ICH SIE MAG

80ct

80ct

Mars

DEL-VOLLMILCH

Ritter SPORT

1.30

VOLLMILCH

LEIBNIZ

PiCK U

CHOCO

50ct

Meine Kirche ist wie mein Freibad

Meine Kirche ist wie mein Freibad. In mein Freibad gehen unterschiedliche Typen:

Die Sportlichen: Sobald mein Freibad aufmacht, ziehen sie ihre Bahnen im Wasser – bei Sonne oder Regen, egal wie kalt oder warm es ist. Den Sportlichen geht es um frische Luft und ihren Sport – frühmorgens oder nach Feierabend.

Die Clique: Sie treffen sich in meinem Freibad und liegen Handtuch an Handtuch auf der Wiese. Sie spielen Beachvolleyball, quatschen oder gehen ins Wasser. Ihnen geht es darum, irgendetwas zusammen zu machen.

Die Entspannten: Alleine oder zu zweit kommen sie in mein Freibad, legen sich in den Halbschatten und lesen, pennen oder gucken rum. Zwischendurch gehen sie zum Abkühlen ins Wasser. Für sie ist mein Freibad wie ein Kurzurlaub.

Genau wie meine Kirche: Sie erfüllt ganz unterschiedliche Bedürfnisse.

Meine Kirche ist offen: Für Gottesdienste oder zum Kerze anzünden – auch frühmorgens oder nach Feierabend.

In meiner Kirche kann man Leute treffen: Es gibt ganz unterschiedliche Veranstaltungen. In meiner Kirche ist man nie alleine, irgendwas kann man immer zusammen machen.

In meiner Kirche ist es still: Dort kann man abschalten, Gedanken sortieren oder einfach nur ausruhen in der Mittagspause oder während einer Shoppingtour. Meine Kirche entspannt, wie ein Kurzurlaub.

Meine Kirche ist ein bisschen wie mein Freibad. Ach ja: In meiner Kirche ist es im Sommer übrigens schön kühl und meine Kirche hat auch im Winter auf.

Kinder stören den Gottesdienst

Festgottesdienst mit meinem Bischof – ganz großes Kino. Wenn der Chef kommt, wird alles aufgefahren: Weihrauch, Orgel und Trompeten, volle Kirche. Alles passt für einen großartigen und besonders feierlichen Gottesdienst.

Und dann ist da der kleine Junge. Der lässt sich von dem hohen Amtsträger der Kirche nicht irritieren und schiebt sein Auto knatternd über den Kirchenboden. Dann kommentiert er lautstark sein Bilderbuch, Orgel und Trompete höre ich fast nicht – auch beten kann ich grade nicht. Durch die langen Gänge der Kirche krabbelt der kleine Junge mal vorwärts, mal rückwärts – worüber predigt mein Bischof? Der spricht unbeirrt über Freude. Meine Aufmerksamkeit ist bei dem spielenden Jungen. Der kleine Junge dreht sich lachend im Kreis. Dann greift der Vater ein und trägt den kleinen Jungen Richtung Ausgang der Kirche.

Und jetzt kommt es: Mein Bischof unterbricht seine Predigt und spricht den Vater an: „Wir können doch nicht über Freude sprechen und ihr spielendes Kind aus der Kirche schicken. Bitte bleiben Sie."

In dem Moment bin ich irgendwie stolz auf meinen Bischof, der mehr Nerven hat als ich und der mir eine wunderbare Botschaft verkündet hat: Der spielende, kleine Junge in der Kirche zeigt Freude besser, als viele Worte über Freude – selbst wenn sie von meinem Bischof kommen.

Einer von uns

Papst Franziskus auf einer öffentlichen Toilette? Ich kann mir das vorstellen. Und andere auch. Auf einer Flughafentoilette in Rio de Janeiro in Brasilien habe ich den 'tag' entdeckt: „Pope Fransisco was here."

Natürlich war der Papst nicht auf dieser Toilette. Aber bei Papst Franziskus kann ich mir das echt vorstellen, denn dieser Papst ist so normal, der würde auch auf eine öffentliche Toilette gehen, wenn er muss.

„Du bist einer von uns", stand auf einem Plakat während seines Besuches auf Lampedusa im Sommer 2013. Und dieser Satz „Du bist einer von uns", beschreibt das Gefühl vieler Katholik*innen seit der Wahl von Papst Franziskus. Dieser Papst ist einer von uns: So unkompliziert, so nah, so menschlich, so normal.

Der 'tag' auf der Flughafentoilette und das Plakat auf Lampedusa passen zum Auftreten des Papstes: Das einfache Metallkreuz, der Kuss eines entstellten Mannes, die Fußwaschung der gefangenen Jugendlichen, die Mitnahme eines Freundes im Papamobil …

Diese Bilder gehen um die Welt und sie verdeutlichen die Haltung von Papst Franziskus: Ich bin zwar Papst, aber ich bleibe Mensch. Ich bleibe einer von euch. So verhält er sich, und so möchte er auch behandelt werden. Bei ihm steht der Mensch an erster Stelle. Und dafür möchte er Vorbild sein. Er motiviert Christ*innen, es ihm nachzumachen. Sein Auftrag lautet: Der Mensch steht an erster Stelle. Und das ist eine echte Herausforderung.

Kirche im Blick

In den letzten fünf Jahren bin ich dreimal umgezogen und es ist einiges passiert: Ich habe beruflich an den verschiedenen Orten viel gelernt, tolle Menschen kennengelernt und in vier schönen Wohnungen gewohnt. Eins haben alle vier Wohnungen gemeinsam: Vom Balkon habe ich immer eine Kirche im Blick gehabt.

Kirchen sind für mich zu Stein gewordener Glaube. Ich meine das jetzt positiv: Die Kirchen sind vor Jahrzehnten, teilweise vor Jahrhunderten, von Menschen gebaut worden. Und in der Regel haben diese Menschen nicht nur eine Kirche gebaut, sondern sich auch für Arme, Kranke und Verfolgte eingesetzt. Sie haben sich für ihren Stadtteil oder die ganze Stadt engagiert.

Das beeindruckt und es beruhigt mich. Bei allen Veränderungen in meinem Leben, in der Kirche und in dieser Welt: Die Kirche ist vor Ort und dort treffen sich Menschen, die sich für andere einsetzen.

Während der Flüchtlingswelle sind viele Kirchen zu wichtigen Orten der Flüchtlingshilfe geworden: Spenden wurden gesammelt und verteilt, Unterkünfte zur Verfügung gestellt, Betreuung und Begegnung organisiert.

So eine Kirche habe ich gerne im Blick und für so eine Kirche engagiere ich mich auch in Zukunft gerne.

Happy Birthday Kirche

Happy Birthday Kirche. Pfingsten ist quasi der Geburtstag der Kirche. Christ*innen auf der ganzen Welt feiern die Ausbreitung der christlichen Botschaft.

Dabei hat es am Anfang ganz anders ausgesehen. Die ersten Christ*innen haben nach Jesu Tod und Auferstehung große Angst und sich nicht mehr auf die Straße getraut. Die Gruppe ist verunsichert, mutlos und ängstlich. 50 Tage geht das so und dann passiert etwas. Plötzlich gehen sie auf die Straße, erzählen von Jesus, seiner Auferstehung und seiner Botschaft. Sie sprechen über ihren Glauben, begeistern Andere und motivieren sie mitzumachen. Da beginnt Kirche.

Von jetzt auf gleich sind die ersten Christ*innen wie verändert. In der Bibel heißt es: „Alle wurden vom Heiligen Geist erfüllt." (Apg 2,4) Der Heilige Geist steht für Glauben, Mut und Aufbruch.

Und genau das wünsche ich meiner Kirche zu ihrem Geburtstag an Pfingsten: Bleib bloß nicht wie du bist und erinnere dich regelmäßig an deinen ersten Geburtstag, an die Kraft des Heiligen Geistes, an den Glauben der ersten Christ*innen und deren Mut zum Aufbruch.

Meine Kirche ist wie mein Fitnessstudio

Meine Kirche ist wie mein Fitnessstudio. In mein Fitnessstudio gehen ganz unterschiedliche Typen: Senioren zum Reha-Sport, Profihandballerinnen zum Krafttraining, junge Männer zum Gewichte drücken...

In meinem Fitnessstudio kann jede*r dann trainieren, wann er*sie will: Eine halbe Stunde am Vormittag, den ganzen Nachmittag oder zwei Stunden nach Feierabend.

In meinem Fitnessstudio steht für jede*n das richtige Trainingsgerät: Laufband und Crosstrainer, aber auch Hantelbank und Speedbike. In meinem Fitnessstudio bekommt jede*r, was er*sie braucht.

Genau wie in meiner Kirche. In meine Kirche gehen ganz unterschiedliche Typen: Senioren in die Kirche um die Ecke, weil das schon immer gut tat, Manager ins Kloster zum Abschalten und Auftanken, engagierte Jugendliche in den Jugendverband, Studierende in den Gottesdienst am Sonntagabend.

In meiner Kirche ist immer jemand zu erreichen: Im Notfall sogar mitten in der Nacht bei der Telefonseelsorge. In meiner Kirche gibt es für jede*n das Richtige: Zeltlager, Rosenkranzgebet, Technogottesdienst, Essensgutscheine, Speed Dating.

Meine Kirche ist ein bisschen wie mein Fitnessstudio: Und beide tun mir gut.

Kirche wie meine Currywurstbude

Currywurst esse ich am liebsten an der bekannten Bude im Bochumer Bermudadreieck. Natürlich am Stehtisch mit Pommes und Majo und dazu gibt es ein leckeres Bier. Das geht zu jeder Tageszeit: In der Mittagspause, nachmittags als Snack beim Shopping und abends während der Kneipentour – als Grundlage, zum Abschluss oder zwischendurch. Currywurst geht immer.

Currywurst geht schnell. Kurz nach meiner Bestellung steht die Currywurst heiß vor mir. Ich mag sie ein bisschen schärfer und würze nach. Dann ist die Currywurst nur noch lecker. Und ich bin satt. Na gut, ich habe auch ordentlich Kalorien zu mir genommen. Aber Kalorien sind ja auch nur eine Form von Energie.

Und genauso wünsche ich mir meine Kirche: Eine Kirche wie meine Currywurstbude im Bermudadreieck. Sie ist da, wo ich bin und bietet mir etwas an, was immer geht, mir schnell hilft, mir schmeckt, mich satt macht und mir Energie gibt für alle Herausforderungen, die mein Tag und meine Nacht noch bringen.

So, und jetzt hole ich mir erstmal eine Currywurst.

Der Rest der Welt

An der Ampel vor mir dröhnt ein Sportwagen: Super gepflegt, ordentlich aufgemotzt und tiefergelegt. Richtig Krach macht der Wagen und die Musik ist auch nicht leise. Mit quietschenden Reifen fährt der viel zu schnell durch die enge Straße vorbei an der Schule und dem Kindergarten. Auf seiner Heckscheibe erkenne ich noch den Spruch: „Was kümmert mich der Rest der Welt?"

Passt, denke ich – zu dem Wagen und wahrscheinlich auch zu dem Typen im Wagen. Dem ist der Rest der Welt scheinbar wirklich scheißegal. Mich regt so eine Einstellung voll auf, wahrscheinlich auch, weil ich Christ bin.

Christ*innen ist der Rest der Welt nämlich nicht scheißegal. Also: Sollte er zumindest nicht. Auf Autos von Christ*innen müsste eigentlich der Satz stehen: „Uns kümmert der Rest der Welt."

Aber die lassen das meistens nicht so raushängen. Christ*innen machen das einfach: Sie helfen in Kindergärten, Schulen und Krankenhäusern, in der Flüchtlingshilfe, in der Obdachlosenarbeit und in Altenheimen. Manche machen darüber ihre Witze und nennen solche Leute „Gutmenschen". Aber ganz ehrlich: Lieber Gutmensch als Arschloch.

Draußen

„Das Leben nach draußen verlagern" habe ich in einem der vielen Virologen-Blogs gelesen. Also raus. Das Infektionsrisiko ist draußen geringer und – auch wenn nicht immer gutes Wetter ist – gerade findet viel draußen statt: Freunde treffen zum Kaffee oder Bierchen trinken, Konzerte und Familientreffen. Ich habe sogar schon von Kunstausstellungen und Schulstunden gehört, die draußen stattfinden.

Auch die Gottesdienste meiner Kirche finden teilweise draußen statt – in Autokinos, auf Freilichtbühnen oder in Parks. Ich finde das sind tolle Orte, um Gottesdienste zu feiern. Ist mal was anderes. Vor allem machen mir diese Gottesdienste etwas deutlich: Der Glaube gehört nach draußen.

Für mich als Christ ist der Glaube nämlich nicht nur das, was einmal in der Woche früh morgens hinter dicken Kirchenmauern im Gottesdienst gefeiert wird. Mein Glaube muss auch nach dem Gottesdienst draußen in meinem Alltag eine Rolle spielen. Wie ich mich verhalte, zeigt, ob ich Christ bin. Dass ich mich um andere kümmere, helfe, mir die Welt da draußen nicht einfach scheißegal ist. Im Moment heißt das: Ich gehe auf Abstand, damit ich mich und andere schütze – übrigens auch bei Gottesdiensten draußen.

Chips
und Bier

GESCHICHTEN FÜR DEN ABEND

Beten ist wie Zahnseide nutzen

Ich benutze Zahnseide. Jeden Abend. Seit vier Jahren. Schon vor zehn Jahren hat mir mein Zahnarzt Zahnseide empfohlen. Ich habe das aber immer als lästig, kompliziert und vor allem als Zeitverschwendung empfunden.

Vor vier Jahren habe ich mich dann doch für Zahnseide entschieden. Meine Freundin macht das auch – aus Überzeugung. Also habe ich einfach mal damit angefangen. Nachdem ich die Zahnseide ein paar Mal benutzt habe, finde ich es gar nicht mehr so kompliziert. Mittlerweile ist es Routine. Und das Wichtigste: Ich glaube, die Zahnseide bringt was. Meine Zähne fühlen sich seitdem sauberer an.

Und warum erzähle ich hier von Zahnseide? Na ja, Zahnseide benutzen ist für mich ein bisschen so wie beten. Früher ist Beten für mich eine lästige Pflicht, ein kompliziertes Gespräch ohne Antwort und reine Zeitverschwendung gewesen. Seit vielen Jahren bete ich jedoch jeden Abend. Motiviert hat mich damals eine Bekannte. Mittlerweile ist mein Gebet am Abend Routine. Ich finde es weder kompliziert, noch lästig oder Zeitverschwendung, denn ich glaube: Beten hilft.

Connection zu Gott

„Nutz mal deine Connection zu Gott!", stand in der E-Mail, die ich letztens von einer Bekannten bekommen habe. Sie hatte sich auf eine Au-pair-Stelle beworben und ich sollte meine Connection zu Gott nutzen, damit das klappt. Mich hat die Mail gefreut. Anscheinend wirke ich so, als ob ich eine gute Connection zu Gott habe.

Und nach der Mail hatte ich die Aufgabe für sie zu beten. Denn das ist meine Connection zu Gott: Beten. Anders erreiche ich den ja auch nicht. Ich würde nicht sagen, dass ich das besonders gut kann, aber ich bete jeden Abend. Ich sage Gott, was gut war und was nicht, denke an ein paar Leute und bitte um eine ruhige Nacht und einen tollen neuen Tag.

Mir tut das gut, so eine Connection zu Gott zu haben und meiner Bekannten hat es auch geholfen. Sie hat die Au-pair-Stelle bekommen. Wegen meiner Connection zu Gott? Keine Ahnung, aber schaden tut die Connection bestimmt nicht.

Der Junkie im Rolli

Mitten in der Nacht und deutlich später als geplant komme ich nach einem richtigen Scheißtag am Münsteraner Hauptbahnhof an. Ich bin kaputt, genervt von einer langen Zugfahrt und sauer auf mich selbst. Denn auf meiner Fahrt durch halb Deutschland bin ich zwischendurch in den falschen Zug gestiegen. Gemerkt habe ich das erst, als es schon zu spät war. Die Folge: Meine Rückfahrt hat zwei Stunden länger gedauert.

Hinter dem Bahnhof ist mitten in der Nacht nicht viel los. Nur ein paar vermeintliche Junkies stehen an ihren üblichen Stellen. Einer kommt im Rollstuhl auf mich zugerollt, guckt mich an und sagt: „Jeder ist seines eigenen Glückes Schmied." Dann dreht er sich um und rollt weiter.

Der Satz trifft mich und er passt zu meinem Tag. Für mich bedeutet er: Rege dich nicht auf, pass beim nächsten Mal besser auf und wenn du Fehler machst, dann trage die Konsequenzen. Krass, dass mir das ein Junkie mitten in der Nacht erklärt, weil ich mal zwei Stunden später nach Hause komme.

Als Christ glaube ich, dass Gott uns Menschen in den Armen und Schwachen begegnet. Vielleicht war das so eine Gottesbegegnung. Meine Sicht hat sie auf jeden Fall geändert und wenn ich jetzt nachts am Hauptbahnhof ankomme, denke ich an den Junkie im Rolli und frage mich, was er mir wohl heute zu sagen hätte.

Vom Umtausch ausgeschlossen

Ich habe mir schon echt lange weiße Pizzateller ge-
wünscht. Und dann habe ich sie von meinen Eltern zu
Weihnachten bekommen: Groß. Weiß. Schlicht. Aber
hässlich. Kein Problem. Kann ich ja umtauschen. Und
nach Weihnachten bin ich nicht der Einzige, der etwas
umtauschen möchte. Ganz schön praktisch. Was nicht
passt, wird umgetauscht: Die zu enge Jeans, das falsche
Smartphone oder die hässlichen Pizzateller.

In meinem Leben würde ich manches auch gerne umtauschen: Versprechen, die ich gebrochen habe, böse
Sprüche, die ich eigentlich nicht so gemeint habe oder
falsche Freunde, denen ich vertraut habe. Im Leben ist
das Meiste aber vom Umtausch ausgeschlossen. Alles
hat Konsequenzen. Das macht es zwar nicht einfacher,
aber einmaliger.

„Das Leben ist wie Zeichnen ohne Radiergummi", hat
Karl Rahner, ein großer Theologe, mal gesagt. Ich sage:
Das Leben ist wie Weihnachtsgeschenke bekommen
ohne Umtauschmöglichkeit.

Ich glaube an Wunder

Ja, ich glaube an Wunder. Die gibt es. Im Sommer habe ich selbst ein kleines Wunder erlebt. Nach einer Party stehe ich mitten in der Nacht in meiner Wohnung und merke: Mein Handy ist weg. Ich überlege kurz und erinnere mich: Auf der Party habe ich es doch noch gehabt. Ich fahre nochmal los und gucke, ob ich es irgendwo auf dem Weg verloren habe. Suche auf der Party, finde es nicht und fahre zurück.

Mein Handy ist weg und ich habe ein Problem. Von vielen tollen Fotos habe ich kein Backup, von den Handynummern meiner Freunde auch nicht. Auch mein Bahnticket für die Fahrt am nächsten Morgen ist auf dem Handy gespeichert. Kurz: Echte Scheiße. Irgendwann liege ich im Bett, ärgere mich und schlafe schlecht.

Am nächsten Morgen habe ich bei Facebook die Nachricht einer Kollegin, die mit mir auf der Party war: „Ich habe dein Handy gefunden." Und ich bin glücklich. Mein Handy hat mehrere Stunden mitten auf der Straße direkt vor ihrer Wohnung gelegen. Das ist schon geil und noch wunderbarer: Genau in den drei Stunden hat es in der Nacht mal nicht geregnet, kein Auto ist darübergefahren und niemand Fremdes hat es gefunden. Sondern meine Kollegin, die direkt gewusst hat, wem das Handy gehört, und die es mir am nächsten Morgen pünktlich vor der Abfahrt meines Zuges wiedergegeben hat.

Ja, ich glaube an Wunder. Und ich glaube daran, dass Menschen Wunder ermöglichen. So wie meine Kollegin. Danke Theresa.

Finger im Spiel

Manchmal frage ich mich, wer bei bestimmten Entscheidungen seine Finger im Spiel hat. Letzte Woche im Zug: Ich habe eine volle Arbeitswoche, viel zu tun und einen Termin auswärts. In Köln muss ich umsteigen. Mein Zug hat Verspätung. Es wird knapp. Der Schaffner versichert mir: Mein Anschlusszug sei vorgemerkt, die fünf Minuten wird er sicher warten. Ich bin beruhigt. Dann kommt die Durchsage: „Nicht warten kann leider…" Mein ICE. Super. Der nächste fährt eine knappe Stunde später, wodurch ich zu spät zu meinem Termin komme. Eine Stunde warten, wegen fünf Minuten Verspätung. Mist!

In Köln angekommen, gucke ich kurz in den Dom, schlendere zum Rhein und genieße die Sonne. Eine knappe Stunde mache ich nichts und bin echt zufrieden. Die Auszeit mitten in der vollen Arbeitswoche tut mir gut.

Zu meinem Termin komme ich zu spät. Ärgerlich. Meine Kolleg*innen haben in der Zeit aber Themen besprochen, die mich nichts angehen. Also habe ich nichts verpasst.

Und da habe ich sie mir gestellt, die Frage: Wer hatte eigentlich seine Finger im Spiel, als entschieden wurde, dass mein ICE nicht warten kann? Egal, wer es gewesen ist: Da hat jemand gewusst, dass ich die Stunde in der Sonne am Rhein echt gebraucht habe.

Ich mag mein Leben

Ich mag mein Leben und dafür gibt es eine Menge Gründe:
Morgens den Sonnenaufgang mit einem Becher Kaffee
in der Hand genießen,
am Rhein-Herne-Kanal joggen,
im Landschaftspark Duisburg-Nord spazieren gehen,
beten in Groß St. Martin in der Kölner Altstadt,
ein Sommerregen im Bermuda Dreieck,
Heimsiege des 1. FC Köln,
der Duft von Frühlingsblumen,
fair gehandelte Schokolade,
im Eurocity Richtung Süden am Rhein entlangfahren,
lange Telefongespräche mitten in der Nacht,
grillen auf dem Balkon,
mein Sofa in der Küche,
Bier bei Kerzenschein am Münsteraner Aasee,
Freundschaften, die schon seit über 20 Jahren halten,
beim Klettern gesichert werden,
der Sonntagabend-Tatort mit meiner ehemaligen WG.
Ich habe echt viele Gründe, warum ich mein Leben mag
und dafür danke ich Gott und vor allem wünsche ich dir
eine ähnlich lange Liste.

Marmeladenglasmomente

Anna rettet sich in mein Büro und kurz danach geht es los: Ein richtig heftiges Sommergewitter – mitten an einem der wenigen heißen Julitage. Regenströme prasseln auf den Asphalt vor meinem Büro. Anna und ich stellen uns ans Fenster, öffnen es, atmen tief durch und genießen den Duft von Sommerregen auf Asphalt.

Anna meint: Das ist so ein Marmeladenglasmoment. Und ich verstehe erstmal nicht, was sie meint, aber sie erklärt es mir: Marmeladenglasmomente sind Erinnerungen, die du irgendwann, wenn es dir nicht gut geht, herausholen kannst. Dann öffnest du das Marmeladenglas und schmierst dir etwas von der eingemachten Erinnerung auf dein Brot.

Oh ja, solche Momente kenne ich. Momente, an die ich mich auch Wochen später noch erinnere, weil sie so beeindruckend schön waren. Besonders im Herbst und Winter gucke ich oft auf die Straße vor meinem Büro. Ich öffne dann keine Marmeladengläser oder so. Aber ich erinnere mich gerne an den Sommerregen im Juli. Und dann danke ich meinem Gott, der die Sonne und den Regen erschaffen hat, der Sommerregen auf Asphalt diesen besonderen Duft gegeben hat und der mich so geschaffen hat, dass ich mich daran erinnern kann – auch noch im Herbst und sogar im Winter.

Herzenssprache

„Eu ama falar portuges." Ich spreche total gerne Portugiesisch. Portugiesisch habe ich in Brasilien gelernt. Nach meinem Abi habe ich ein Jahr dort gelebt. Das war eine total prägende Zeit, an die ich mich gerne erinnere.

Deswegen spreche ich so gerne portugiesisch und dann bin ich voll drin in den ganzen tollen Erfahrungen und Erlebnissen. Wahrscheinlich stehe ich deswegen auch anders, wenn ich portugiesisch spreche - leichtfüßiger, eher wippend. Und mit meinen Händen gestikuliere ich mehr und berühre meinen Gesprächspartner immer wieder am Arm. So typisch brasilianisch eben.

Ich mag aber auch die Sprache an sich: Portugiesisch finde ich herzlicher als Deutsch. Manchmal habe ich das Gefühl: Deutsch spreche ich aus dem Kopf, Portugiesisch aus dem Herzen.

Wahrscheinlich bete ich deswegen auch gerne auf Portugiesisch. Nicht dass mein Gott mich auf Deutsch nicht verstehen würde, aber für mich fühlt sich mein Gebet auf Portugiesisch passender an - ehrlicher und herzlicher. Und genau so sollten Gebete sein: Ehrlich und herzlich. Die Gebete versteht mein Gott, egal in welcher Sprache.

Jahresrückblick

Silvester gibt es viele Rituale. Ich habe auch ein Ritual: Für eine halbe Stunde setze ich mich am Silvesterabend mit meinem alten Kalender aufs Sofa – für meinen Jahresrückblick. Zum letzten Mal blättere ich dann den Kalender von vorne bis hinten durch. Jeden Tag gucke ich mir an. 365 Tage. Meine Termine. Meine Erlebnisse.

Die große Brasilienreise mit meiner Freundin.

Grandiose Hochzeitsfeiern in Essen, Bochum und Lettland.

Mein erster Arbeitstag in Münster.

Das Abendessen am Stehtisch mit Peter.

Die Joggingrunde um den Aasee mit Jürgen.

Wenn ich am Silvesterabend meinen alten Kalender zuklappe und das Jahr zu Ende geht, danke ich Gott mit einem kurzen Gebet für jeden Tag im vergangenen Jahr und ich bitte ihn um seinen Segen für die 365 Tage, die vor uns liegen. Für meine und für deine Tage: Fetten Segen!

Lebenssegen

„Der geht seinen Weg." Ich weiß nicht, ob mein damaliger Klassenlehrer nur meine Eltern beruhigen wollte oder ob er wirklich davon überzeugt war, dass ich meinen Weg gehen würde. In der achten Klasse stand die Frage an, ob ich aufs Gymnasium wechsele oder ob ich auf der Realschule bleibe und ob ich im Wahlpflichtfach Sprachen wähle, falls ich doch mal Abitur machen will, obwohl da echt nicht meine Stärken lagen. Meine Eltern und ich wollten uns von meinem Klassenlehrer beraten lassen. Und so habe ich ihn gehört, diesen Satz: „Der geht seinen Weg."

Und genau das war der Satz, den ich brauchte und an den ich mich noch heute erinnere. Und er hatte Recht. Ich bin auf der Realschule geblieben, habe später Abitur gemacht, viele Praktika, war im Ausland, spreche mittlerweile sogar fließend Portugiesisch und bin heute da, wo ich hingehöre.

Für mich als Christ war der Satz meines Klassenlehrers eine Art Segen. Segen heißt Gutes zusprechen und genau das hat mein Klassenlehrer damals getan. Ein Segen, der bis heute wirkt. Danke, Herr Neuwinger.

Abendsegen

Es ist echt spät, als ich aus dem Büro komme. So spät, dass selbst vor der Kneipe neben meinem Büro nur noch ein paar Stammgäste ihre letzte Runde genießen. Ein paar kenne ich und grüße freundlich. Null Reaktion. Etwas enttäuscht gehe ich weiter Richtung Auto, denke an meine längere Rückfahrt und mal wieder darüber nach, welche Vorteile es hätte, in der gleichen Stadt zu wohnen, in der ich arbeite. Dann könnte ich mich einfach in die Kneipe setzen, ein Feierabendbier genießen und müsste jetzt nicht noch eine dreiviertel Stunde nach Hause fahren. Pendlerleben. Feierabendfrust statt Feierabendbier.

Genau in dem Moment ruft einer der Stammgäste „Daniel, komm gut nach Hause!" Ich drehe mich um und sehe, wie er sein Bierglas hebt und mir zuprostet. Nach dem Satz bin ich wie ausgewechselt. Die Rückfahrt durchs Münsterland habe ich genossen und zuhause bin ich unfallfrei und entspannt angekommen. Der Satz war für mich so eine Art Abendsegen, den ich dringend gebraucht habe. Segen heißt „Gutes zusprechen". Genau das hat der Typ irgendwie geschafft.

Mir hat der Abendsegen gutgetan. Deswegen nun für alle Pendler*innen und alle, die gerade Feierabendfrust haben: Kommt gut nach Hause! Und: Schönes Wochenende!

Inhaltsstoffe. Textübersicht

Gott ist. Geschichten über Gott

Gott ist wie Husemann 10
Gott ist wie ein guter Wirt 11
Gott ist wie der Typ in meinem Fahrradladen 12
Gott ist wie ein Bahnhofssprecher 13
Gott ist wie gute Eltern 14
Gott ist wie ein guter Vater 15
Gott ist wie ein schlechter Türsteher 16
Gott ist wie ein guter DJ 17
Gott ist wie ein Kumpel im Bergbau 18
Gott ist wie Bielefeld 19
Gott ist wie ein Taxifahrer 20
Gott ist wie ein persönlicher Pacer 21
Gott ist wie eine gute Pflegekraft 22
Gott ist wie eine gute Hausärztin 23
Gott ist wie eine gute App 24
Gott ist wie eine gemischte Tüte 25

Kaffee. Geschichten, die inspirieren

Wochenstartfrühstück 28
Have a nice day 29

Vorbild 30
Einmal Christ, immer Christ 31
Keine Angst 32
Glauben ist wie Marathon laufen 33
Produktdoppelplatzierung 34
Vom Pizzabäcker gelernt 35
Yolo 36
Machen, was geht 37

Zeitungen. Geschichten, die informieren
Blankziehen für den Glauben 40
Heilige sind Spitzensportler des Glaubens 41
Glauben wollen 42
Mutter Teresa 43
Glaube auf zwei Beinen 44
Meine Tante war Nonne 45
Die Schlümpfe und der Römerbrief 46
Jede*r hat eine Berufung 47
Schwimmen im Kanal 48
Homer Simpson ist katholisch 49
Mit Liebe zuscheißen 50

Weihnachtsstress 51
Internationales Brot 52
Und wie geht es dir gerade so? 53
Es gibt keinen Fußballgott 54
Gott hat keine Vereinsfarben 55

Gemischte Tüte. Geschichten über die kleinen Dinge

Verschenke Zeit 58
Kerze anzünden 59
Einfach helfen 60
Eine Lektion im Helfen 61
Engel brauchen keine Flügel 62
Krawatte binden 63
Die blauen Chucks 64
Meine Lieblingstasse 65
Ich glaube 66
1 Meter 37 hoch zehn 67
Urlaub mit Gott 68
Mittendrin 69
Göttliche Flanke 70
Blind klettern 71

Pakete. Geschichten, die etwas schwerer sind

Gaby 74
Da kommt noch was 75
Verzeihen 76
Mein Gott ist nicht gerecht 77
Facebook ist der bessere Friedhof 78
Wir sehen uns 79
Religionsfreiheit 80
Kopfkino 81

Schokolade. Geschichten über Kirche, wie ich sie mag

Meine Kirche ist wie mein Freibad **84**
Kinder stören den Gottesdienst **86**
Einer von uns **87**
Kirche im Blick **88**
Happy Birthday Kirche **89**
Meine Kirche ist wie mein Fitnessstudio **90**
Kirche wie meine Currywurstbude **91**
Der Rest der Welt **92**
Draußen **93**

Chips und Bier. Geschichten für den Abend

Beten ist wie Zahnseide nutzen **96**
Connection zu Gott **97**
Der Junkie im Rolli **98**
Vom Umtausch ausgeschlossen **99**
Ich glaube an Wunder **100**
Finger im Spiel **101**
Ich mag mein Leben **102**
Marmeladenglasmomente **103**
Herzenssprache **104**
Jahresrückblick **105**
Lebenssegen **106**
Abendsegen **107**